続　小さな歌人たち

――詠み手と読み手を育む歌会《かかい》のすすめ――

柳原千明

続　小さな歌人たち

―詠み手と読み手を育む歌会《かかい》のすすめ―

〈目　次〉

続　小さな歌人たち

――詠み手と読み手を育む歌会《かかい》のすすめ――

はじめに

拙書は、前著『小さな歌人たち—短歌はだれにでも易しい—』（渓水社　二〇二一）の第五章「V　今　子どもたちと」に「他日に期す」と記して閉じた「最短の時間で短歌をつくり、歌会を楽しみ、そして、また、つくった。」その具体と考察から始まる。

今まで、私ごときに書かせていただいた「論文風な原稿」の終わりに、何度「他日に期したい」と、宣うてきたことだろう。そのくせ、「他日」は一度もなかった。

しかし、今回初めて、「他日に期す」とした実践の具体と子どもたちの短歌作品を紹介することができた。永遠に果たされない約束を公言して終わっていた自分に区切りを付けられるような気持ちである。

冒頭に示した「V　今　子どもたちと」を書いている時、今回、本書で紹介する実践の半分は、すでに終わっていた。そして、あの時点においては、伝えたい最新の事柄が、その一頁の数行であったのだ。何せ、前著を二年近くもかけて書いてしまっているのだから、過去の実践の課題と修正箇所が分かっている。それを修正して授業するのは、担任していれば当然のことであり、課題を改善した実践は、自分の実践範囲においては最新の事柄になるのは当たり前のことである。

そして、私は気づいた。さすがに気づいた。ぐずぐずしていると、「他日に期す」との「いたちごっこ」になってしまう。寝ている場合じゃあない。

師望月善次氏は言った。「本当に『寝ている場合じゃあない。』のです。一気に行くときでしょう」「でも、寝ることも大切。「寝ながら頑張れ」が正解か」。メールの向こうに氏の温かき眼差しが見えた。「一気に行け」と。

憧憬の師であり、かつての上司である吉丸蓉子氏（元盛岡市立桜城小学校校長）は、こう言った。「さ、次も書くのですよ」。深くて厚くて厳かな大好きな波動が鼓膜を奮わせた。

前著でも紹介した同僚の松澤春香教諭は、前著発売日当日、こう言った。

いや、こう、念押しした。「おめでとうございます。発売日の今日から、今日から書くんですよ。」松澤教諭は花束とノートを手渡し、さらに、こう付け加えた。「ノートには、短歌も書いていいんですよ」と。松澤教諭の大きな目は、本気以外の何物でもない輝きと言葉を放っていた。「敢えて言わせていただきますよ。書くんですよ。」本気の笑顔の本気の眼差しは強く、真っ直ぐだった。

こうして、拙書「続 小さな歌人たち ―読み手と読み手を育む歌会のすすめ―」は始まった。拙書の中心は歌会の良さ三点である。歌会が短歌創作を最短にすること。歌会は、短歌は楽しいことを最短で実感させること。そして、歌会はリモート授業でもできること。

構成は次のようである。

Ⅰ「短歌創作最短コースはこれだ」、Ⅱ「歌会が育む詠み手と読み手」、Ⅲ「リモート歌会」。

Ⅰ「短歌創作最短コースはこれだ」は、令和二年十一月二十八日(土)に国際啄木学会盛岡支部の第二六八回月例研究会で発表させていただいた内容をもとにした、「最もシンプル」だった短歌創作の実際を「短歌創作最短コース」と名付けて、「短歌はもっともっと易しい」ということの具体を示した。

Ⅱ「読み手と詠み手を育む歌会」では、前章をふまえて、歌会が、短歌を作る詠み手と短歌を読み取る読み手双方を育むことを実感した具体と歌会をする場合の微調整をどこでどのように行うとよいのかを示した。

Ⅲ「リモート歌会」は、文字通り、タブレット端末を使って行った歌会の具体を示した。「アナログ」の歌会があるからこそ引き立つタブレット端末を使った歌会。双方の歌会の良さを実感とともにまとめた。加えて、短歌創作単元における歌会の新しい試みを通して、歌会の可能性の広がりを述べた。学級歌会、学年リモート歌会の授業については、画像写真を中心にまとめた。

《注文の多い『続　小さな歌人たち』》

先に示した三つの構成を簡単に言いますと、Ⅰは今までの実践の修正、ⅡⅢは、副題に直結する歌会について。Ⅱは教室で行ってきた歌会の具体、Ⅲはタブレット端末を使って行った学級歌会と学年歌会の具体です。

この期に及んで、差し出がましいお願いをさせて頂くことをお許し願いたいのです。それは、「Ⅰから順番にお読みくださらなくていいです」、もっと言えば、「Ⅰは後からお読みくださって構いません。」というお願いです。

拙書の中心は歌会。でも、どうしても、今までの実践の修正を入れたかったし、入れるべきだと思い、自分の思考の順番に構成しました。ですが、Ⅰは引用文が多く、校正の段階で、畏同僚であり、畏友であり、畏編集長である松澤春香教諭に「ここだけ読みにくい」と指摘を受けました。それなのに、それなのに、言うこともきかずに、ここに置いたわがままゆえに、お読み頂ける皆さまに、読み方の「注文」いや、お願いをしているしだいです。どうか、怪しくわがままなお願いをお聞き入れくださいますようお願い申し上げます。

「注文はずゐぶん多いでせうがどうか一々こらへて下さい」

柳原　千明

Ⅰ　短歌創作最短コースはこれだ

「子どもたちが初めて短歌を作った時」と題し、短歌創作が「最もシンプル」であったと発表したのが令和二年十一月二十八日（土）の国際啄木学会盛岡支部第二六八回月例研究会。以下に「最もシンプル」だった短歌創作の実際を「短歌創作最短コース」と名付けて、その具体を示す。なぜ、「最もシンプル」だった短歌創作について示すのか。

それは、前著『小さな歌人たち―短歌はだれにでも易しい―』「第五章　今　子どもたちと」（273頁）に記した結論について検討し、短歌創作について再提案したいからである。

私は、前掲書（275頁）で次のように記した。

私は、今（令和二年度四月から）、十数年ぶりに三年生、本当にかわいらしく、麗しい三十一名の（花巻市立桜台小学校）の担任をしている。

初めて三年生の国語の教科書に載っている短歌を見た。（中略）「短歌創作スイッチ」が入った。子どもたちは一学期に俳句は学習していた。二学期になって、人生「初短歌」に出会ったのである。短歌を音読して下地をつくっていたわけでもない。啄木・賢治の短歌も教えていない。子どもたちは、どんな短歌を作るのだろう……。

またしても、前置きが長くなりそうである。ここでの結論をまとめよう。

一、子どもは、だれでも五七五七七にすぐにできる。案ずるべからず。短歌は易しいのだ。
一、初めて一首を作った後に、すぐに（次の日がよい。）歌会をするとよい。歌会後、やはり、子どもたちは、また作りたくなるのだ。
一、短歌創作と歌会をセットにしてすすめるとよい。

三十一人の子どもたちは、私が今まで経験したなかで、最短の時間で短歌を作り、歌会を楽しみ、そして、また作った。（傍線部　後略　柳原）

「最もシンプル」だった短歌創作をした子どもたちは、右に前掲書より引いて示した「人生『初短歌』に出会った」三年生の子どもたちのこと。

この子どもたちが、どのように「最短の時間で短歌を作り、歌会を楽しみ、そして、また作った」のか「最もシンプル」だった具体を挙げ、右に下線部で示した三つの結論をもっと簡単に再提案をしたい。再提案のキーワードが「最短」。

一　短歌創作最短コース　その一　―下地作りが最短―

1　何が最短だったのか

それは、短歌創作のための下地作り、さらに言えば、韻律に慣れるための音読の時間が最短だったということ。

初めて短歌を作る三年生の子どもたちに、前著に記したような下地づくりの音読期間を作らなかったのだ。（厳密に言えば、作れなかったということになるのだが。）そして、結果的に短い下地づくりの音読でも、子どもたちは短歌の韻律を体感し、短歌を作ることができたのである。

2「下地作り」の修正「作りながら慣れる『短歌の底力』」の確信へ

「下地づくり」について具体的に述べたい。

私は、前掲書34頁以降に、「短歌をつくる三つの段階「一　短歌の下地をつくる段階」「二　短歌をつくる段階」「三　短歌を読み味わい、歌会をする段階」を示している。この「下地をつくる段階」は簡単に言えば、短歌作品を音読して、韻律（リズム）に慣れることを指している。同前掲書35頁から42頁には、どんな作品をどのように音読させたのか、一年生を例に記した。また、同前掲書35頁には、次のようにも記している。

一見、小難しそうに分けられた三つの段階のように見えるが、なんということはない。声に出して読んで、慣れてきたら、つくって、つくったら互いの作品を鑑賞しあって、またつくる、という積み重ねのことをさしている。（同前掲書35頁）

この考え方に揺るぎはない。

しかし、令和二年度に担任した三年生の子どもたちの学習の様子を目の当たりにして、これは、次のように修正する必要があることが分かったのである。

一見、小難しそうに分けられた三つの段階のように見えるが、なんということはない。声に出して読んで、慣れてきたら、つくって、つくったら互いの作品を鑑賞しあって、またつくる、という積み重ねのことをさしている。ただし、子どもの様子によっては、学習過程を短縮したり、省略したりすることで、学習の楽しさを速く味わわせることができる。（傍線部　柳原）

なぜ、このような修正に至ったのか。

それは、平仮名、片仮名、漢字も書けるようになっている三年生には、先に示したような短歌の下地を作る段階は、長くはかからなかったからである。前書で示した「短歌を作る前に短歌の音読や暗唱の期間」を持たなかったのだ。

ただし、子どもたちは、一学期に「俳句を楽しもう」の単元で俳句について学習していた。下地と言えるとしたら、その「俳句を楽しもう」の学習と短歌を初めて知った直後の教科書掲載短歌作品を音読したことだけ。教科書通りに、普通に授業をしたということになる。

ここまでお読みくださった方は、お気づきかもしれない。

そうなのだ。

この時点での（三年生の二学期の学習「短歌を楽しもう」に入るまで）私には、短歌創作の単元を位置づけることなど、全く頭になかったのである。

「俳句を楽しもう」の単元ですら、一句の作品も作らせていない。読んで俳句の特徴を知り、音読を通して、五七五を楽しむことができればいいと考えていたのである。そのうえ、「短歌を楽しもう」の単元に入る直前まで、「俳句との違いをみつけ、音読して五七五七七のリズムを楽しんだら、俳句の単元と学習の仕方をそろえて終ろう」と考えていたのだった。

しかし、教材として掲載されていた和歌を見た途端に、スイッチが入った。

「スイッチが入った」経緯については、前掲書21頁―22頁、275頁に記した。ご参照いただければ幸いであるのだが、かいつまんで記すと、初めて短歌を学習する子どもたちにとって、和歌は難しいという長年の課題が未解決のまま存在することによる。

教科書（光村図書　三年）に収載されていた和歌は次の四首。

むしのねも　のこりすくなに　なりにけり　よなよなかぜの　さむくしなれば　良寛
秋来ぬと目にはさやかに見えねども風の音にぞおどろかれぬる　藤原敏行
奥山に紅葉踏み分け鳴く鹿の声聞く時ぞ秋は悲しき　猿丸太夫
天の原振りさけ見れば春日なる三笠の山に出し月かも　阿倍仲麻呂

この四首を否定しているのではない。名歌である。しかし、短歌の易しさが伝わりにくい。場合によっては、指導する教員も短歌は難しいといったイメージを持ってしまうかもしれない。

だから、スイッチが入った。

この四首を使いながらも、単元名どおり、「短歌を楽しもう」と子どもに思わせたいと。そして、短歌が難しいものではなく、「易しい」ということを感じさせたいと思ったのである。

「スイッチが入る」など、担任の身勝手な意欲だといったご批判は覚悟の上、甘んじてお受けしたい。が、身勝手極まりない、子どもたちに何の下地も作ってこなかった担任が、子どもたちが楽しいと思える短歌の学習を急にしたくなり、そのためにはどうすればよいかを急に考え出したのである。そうなったら、ゴールまで辿り着きたくなる。しかも授業は明日から、といった、まさにお恥ずかしいばたばたした状況であったとしてもだ。

しかし、こんな状況だったことによって、実践の修正点と「短歌の底力」が見えたのだと今は思っている。

この章の結論を何度も繰り返すことになるが、前著34頁に示した「声に出して読んで、なれてきたら、つくって、つくったら互いの作品を鑑賞しあって、またつくる、という積み重ね」は、三年生の子どもたちには、「声に出して読んで、慣れる」「下地をつくる段階」は、最短でよかったのである。

むしろ、短歌を作りながら、短歌に慣れていったように思われた。読み書きができる子どもたちにとっては、「五七五七七の積み重ね」という短歌の特徴は、作りながら、慣れることを可能にする、「短歌の底力」なのではないかと思っている。この「底力」が、子どもに五七五七七をすぐ作らせる。まさしく短歌は易しいのだ。

3　短歌創作最短コースの具体 ―最短で初めて短歌を作った学習の流れ―

では、どのような学習の流れだったのか。

拙著14頁で先述した国際啄木学会盛岡支部会の第二六八回月例研究会〈令和二年十一月二十八日㈯〉で話題提供した「子どもたちが初めて短歌を作った時〈令和二年度版〉」「三　今までの短歌創作との違い」で次頁のように示している。

三　今までの短歌創作との違い

（一）最もシンプル

①言葉集め→②作る→③歌会→④作る→⑤歌会

ア①言葉集めで、短歌を知らせた。

・短歌創作のための準備的な学習をしない。

・一学期既習の俳句が下地としてある。

・「季節の言葉　秋」の小単元を活用

イ「すぐ作って、すぐ歌会」を繰り返すことができた。

ウ①②が60分（一日目）③45分（二日目）④45分（三日目）⑤45分（四日目）

つまり、最初は60分で授業を行い、その後、「短歌を作る」「歌会をする」を二回行ったということだ。

子どもたちが初めての短歌を作った第一時60分をもう少し詳しく示すと次のようになる。

一　俳句との違いを知る。
二　五七五七七にスラッシュを入れる。
三　短歌（和歌）の五七五七七を確かめながら音読する。
四　短歌は三年生のみんなもつくることができることを知らせる。
五　秋に関する五音と七音の言葉集めをする。
六　集めた言葉を拾って五七五七七にする。
七　短歌シートに書く。
　どんどん短歌シートに書いていく。定型をほめるための机間巡視。

右に示したとおり、音読は教科書の和歌を声に出して読んだだけ、言葉集めをして、集めた言葉を拾って作る短歌はあっという間に卒業し、「集めた以外の言葉を使って作っていい？」というつぶやきが出た途端、子どもたちはそれぞれに作り始めた。

「下地づくりが最短」なのは、三から六の活動をぎゅっと短くできたこと。特にも、音読を教科書収載作品だけにして、言葉集めをし、短歌創作活動に入ったのは「最短」の最たる部分であると言える。

先に示した七つの学習の中で、子どもたちが、二度、「えええっ。」と声を上げて驚いた場面が忘れられない。

一度目は、短歌の五七五七七を知った時。

「俳句は五七五。（子どもたちは「そうそう、五七五。」「古池や蛙飛び込む水の音」などと口々に言っている。）よく覚えているね。実はね、五七五で終わらないのがあるの。」と言った時である。

「えええっ。」

そんなに驚くのかと思うほどの反応だった。（が、私はこの反応に弱い。授業の心をくすぐられるのだ。）そして、おもむろに、教科書に載っている短歌を黒板に貼り付けた。すると、銘々に、指を折りながら読み始めた。

「五七五七七だ。」

「本当だ。七七がある」

「そう、五七五七七なの。これを短歌というんだよ」

教科書の「短歌を楽しもう」の最初に載っているのは、良寛の短歌。分かち書きになっており、五七五七七に分けられている。子どもたちはすぐに気づいた。

これを短歌ということを知らせ、教科書収載作品にスラッシュを入れていく。そして音読する。楽しく音読する。「楽しく」の具体は飽きさせないということ。飽きさせないということは、様々なパターンで音読するということ。そして、その後、先に提示した学習の流れ通りに進み、

「みんなも作ることができるよ。」と言った途端に、

「ええええっ。」

これが二度目の驚きだ。

「なんでそんなに驚くの。」と聞くと、未だに耳に残っているのは、「こういうのは昔の人のでしょう」「昔の人が作ったものだと思っていたから」「今までやったことないし」という言葉だ。

これらの反応の全ては経験させてこなかった私に原因があると胸が痛んだ。が、感傷的になってはいられない。今こそ絶好の機会が訪れているのだと、一気に「言葉集め」の学習に入った。言葉集めをしながら、五音と七音を意識していくのが分かった。「言葉集め」から「集めた言葉を五七五七七」にして、短歌シートに書くまでは速い。何せ、五七五七七であればいいのだ。だから、「できた感」も速い。さらには、集めた言葉以外の言葉で作りたくなるのも速い。

この経過は、くどいようだが、前著『小さな歌人たち―短歌はだれにでも易しい―』の47頁

から48頁に記した状況と変わらない。たとえ短歌の「下地を作る」段階がなくても。かえって、「できた感」に速く到達できるという点においては、子どもたちに速く学習の楽しさを味わわせることができるのである。

しかし、落ち着いて考えてみれば、「下地作り」を子どもに合わせて微調整することなど当たり前かもしれない。私は、前著で、クリヤファイルを使って短歌を作る五年生の例を示した。その取り組みには一切の音読はない。ただし、それぞれの学級で短歌と俳句について学習してきた下地があったのだ。

下地を作る段階は必要である。音読による定型リズムの体感は必須だという考えに変わりはない。しかし、微調整できるのだ。別な言い方を敢えてすれば、小単元の中の学習活動だけでも定型リズムを体感させることができるのである。

二　短歌創作最短コース　その二　―歌会《かかい》までが最短―

1　歌会が短歌創作を最短にする

歌会までが最短とは、短歌を作った次の日に、すぐ歌会をしたということ。

たったこれだけのことなのに、初めてのことだった。なぜしなかったのか。

それは、「短歌を初めて作った次の日に、歌会なんてできない。歌会は短歌を作ることに慣れてから。」という、根拠のない確信をしていたから。そういう自分に、初めて気づかされた。しかも、「短歌を作ることに慣れてから」には、「子どもが良い短歌作品を作ったら、それで歌会を」といった怪しげな欲が潜んでいたのだと反省している。

「歌会は短歌を作ることに慣れてから」「子どもたちが良い作品を作ってから」ではなかったのだ。

できるのである、歌会は。子どもが短歌作品を作っていれば、いつでも。

しかも、どんな作品でも、子どもたちの学びになるのである。歌会という学習活動が子どもたちを学びに導くのだ。気付いたことは大きかった。

だから、修正されるのである。ここでも。

前著35頁に示した「声に出して読んで、慣れてきたら、作って、作ったら互いの作品を鑑賞しあって、また作る、という積み重ね」は、「声に出して読んで、慣れてきたら、作って、作ったらすぐ歌会を行い、歌会を通して互いの作品を鑑賞し合って、また作る、という積み重ね」と。

今までの自分の考えを覆してくれたのは子どもたちだった。しかも、この歌会で、歌会の良さを改めて三つも、子どもたちに教えられたのである。歌会の学習展開は、基本的には大きく変わらない。左の通りである。その微調整の方法などは、詳しくは53頁に記した。

①子どもたちの短歌作品を提示する。
（作品には番号をつけて提示。「〇番歌」のように言うことを知らせておく。五首程度がよい。作者名はこの段階では知らせない。）
②作品を音読する。
③一番好きだ、いいなと思う一首を選び、投票カードに記入する。
④ワークシートには、選んだ短歌の番号と理由を書く。

⑤投票カードを集め、開票する。
⑥どの短歌のどんなところがいいか話し合ったり、発表し合ったりする。
⑦作者を紹介する。
⑧歌会の感想を書き、発表しあう。

2　すぐに歌会をしていいわけ―子どもたちが教えてくれた歌会の良さ―

初めて短歌を作り、初めて歌会を経験した子どもたちから、「すぐに歌会をしていい」、「いや、するべきなのだ」ということを知らされた私は、初めて歌会を経験した子どもたちの様子から、次の三つのことも教えられた。

その一　歌会はまねっこの達人を生む。
その二　歌会は絶対まねっこしない達人を作る。
その三　歌会は作品の読み方を学ばせる。

どこか使い古された文言のようだが、これ以外の言葉が思い浮かばない。それ程、子どもたちの学習の様子が基本的、かつ典型的な姿だった。だからこそ、子どもたちの様子から教えられたと言える。

(1)　歌会はまねっこの達人を生む

具体的に言えば、子どもたちは歌会を通して、「○さんみたいに作っていいんだな。」「次は○さんが作ったように、～のことで作ってみよう」のように、次に作りたい作品のイメージを具体的にする。では作品のイメージとは何か。言葉と題材である。「ああいう言葉が使えるんだ」「弟のことを短歌にしてもいいんだ」のように子どもが思い、自分がいいと思ったことをまねて子どもは次の作品を作るのだ。

(2)　歌会は絶対まねっこしない達人を作る

絶対まねっこしない達人。

これは、歌会で見つけた作品の良さを分かった上で、敢えて違う表現をしようとする子どもが登場することを指している。歌会に出た作品以外の題材を探そうとするのだ。そういう時、教室は、いっとき、しんとなる。空気が止まっているかのようになる。子どもたちが打ち込み始めた現れだ。透明な空気が一点に集まっていく。

(3)　歌会は子どもに作品の読み方を学ばせる

作品の読み方とは、作品の良いところを見つける見方のことを指している。以下にその具体を示すが、特に珍しい活動ではないと多くの方は思われるだろう。おそらく、様々な学習活動場面で、行われていることではないかと思う。なんだそういうことか、と思っていただけたら嬉しい。

作品を読むことの始まりは、まず、一首選ぶこと。「いいな」「好きだな」と思う一首を選ぶのだ。次に、選んだ理由をはっきりさせ、ノートやワークシートに書くこと。こういった学習活動は、よく行われる活動であろう。

最後は、自分が選んだ作品以外の作品の良いところも見つけ合うこと。

結果的に、一度の歌会で何度も複数の作品の良いと思うところを見つける学習をすることになる。

そして、歌会を重ねていくことで、作品の見方に慣れ、ひいては、作品の見方が広がったり、深くなったりしていくのだと考えている。

歌会の後、子どもたちが「また作りたい」と言うのは、歌会の学習活動が「どんな作品を作ればいいのか」「どんな言葉を使おうか」「何（題材）を短歌にしようか」を友達が実際に同じ時間に作った作品から学ぶからなのだ。だから、子どもの作った作品が初めて作った作品であったとしても、大人の目から見て、「この言葉が別だったら良かったのに」「もう少しなんだよなあ」と思ったとしても、歌会はできるのである。

子どもは、初めて作った作品で、初めて作った段階にふさわしい良さを見つけて、あるいは、友達が見つけた良さをもとに、「次は～のように作りたい」「さっきと違うように作りたい」と思う。それがいいのである。

3　子どもは思ったことを詠む　―大人の作為は無用　いらないことはしない―

この章で述べたい結論を先に述べる。

子どもは、作品を作る時に、技など二の次、思ったことを作品にするということ。技があって作品を作るのではないのだ。子どもが作品を作る時、大人の作為は無用。要らないことはしないということである。今思えば、当たり前のことだが、私は初めて短歌を作った三年生の子どもたちに教えられたのである。その経緯を以下に記すことにしたい。

(1)　悪魔のささやき　―怪しい授業の末に―

初めての歌会で提示した作品は次の五首であった。

①きのうはね　ぼくの弟　たんじょう日　おいしいケーキ　笑顔がいっぱい　T・H
②つよいかぜ　ホットコーヒー　あたたまる　こんなときには　走ってみたい　K・W
③雨がふる　てるてるぼうず　つるしては　ねがいをこめる　はれるとうれし　H・I

④ひがんばな　きれいな花が　風にゆれ　夜長をすごし　また朝がくる　T・M
⑤よやくした　サッカーキッズを　待っている　わくわくしてる　フェスティバルの日　O・D

右の④番の作品からは、小単元「季節の言葉　秋のくらし」の学習をもとに言葉集めをしたことが分かる。

「夜長」は教科書にある言葉。「ひがんばな」は、子どもが集めた言葉の中から選んでいる。④番の作品は、一番最初にできたといって持ってきた作品だったので覚えている。それ以外の作品については言葉集めで子どもたちが集めた言葉から選んだのか、自由に作り出したのか、今ではもう思い出すことはできない。とにかく、子どもたちは最短の時間で、初めて短歌作品を作り、初めて歌会をし、歌会の直後に「また作りたい」と親鳥にえさをほしがる雛のようにさえずったのである。

子どもたちの様子に調子にのったのは愚かな担任であった。私は、悪魔のささやきを自分によぎらせてしまったのである。子どもたちは、もっと、上手く短歌を作れるのではないか・・・。

この時の「上手く」とは何か。

技を使うこと。

技の具体は何か。

比喩、オノマトペ、対比、繰り返し・・・。子どもたちがこれらの表現方法を知ったら、さらに良い作品が生まれるのではないか、と思ってしまったのである。そして、初めて短歌を作り、二日目に歌会を行い、その翌日つまり三日目に、私は怪しい授業をしたのである。

怪しい授業の最終ゴールは二度目の短歌を作る活動に没頭させることだった。しかし、もっと良い作品を作らせてみたいと思ったことにより、作る活動の前に、次の四首を提示し、作品の特徴を見つける活動を位置づけたのである。子どもたちが作品の特徴をまねして作るだろうと想定して。提示した四首は次のとおりである。

白菜が　赤帯しめて　店先に　うっふんうっふん　肩を並べる　俵　万智

たんたらたら　たんたらたらと　雨滴れが　痛む頭に　ひびくかなしさ　石川　啄木

ズルズルと　バックしている　にゃん吉は　なぜか金魚が　恐いのでした　寒川　猫持

「何《なん》の用《よ》だ。」「酒《さけ》の伝票《でんぴょう》。」「誰だ。名は。」「高橋茂吉《もぎつ》」「よし。少《ぴやっ》こ。待で。」　宮澤　賢治それぞれの作品の良いところやおもしろいところみつけて話し合い、話し合ったことを作品の特徴としておさえた…つもりの授業であった。この学習直後の教室の空気を一生忘れないだろう。子どもたちは言葉にこそしなかったが、こう思っていたに違いない。

(ふうん、そうなんだ。で、なあに?)

(分かったよ。さあ、作る時間だよ。)

子どもたちが作った短歌には、担任が使えたらいいなと思った技など、何一つなかった。あったのは、子ども自身が書きたいと思ったこと、そのものだった。

子どもたちの作品を見て、我が身を恥じた。そして、再び子どもたちから教えられたのである。子どもは、思ったことを短歌にする。思ったことと選んだ言葉は一緒なのだ。

担任の作為は無用なのだと。子どもが自ら作ろうとしている時にいらないことはしなくていいのだと。

この時に作った作品で翌日(四日目の最終日、子どもたちにとっては二度目)、一回目と同様に歌会を行うことができた。しかも猛烈に楽しそうに。

最終日に行った歌会で提示したのは次の五首である。

おとうさん　おこるとこわい　だけどすき　だってやさしい　めっちゃ大すき　Y・T
空の上　雲はどこまで　つづくのか　空のさいごは　どこにあるのか　E・K
うそをつき　宿題中と　ごまかして　その次の日に　なるとばれてる　H・K
とびばこの　練習がある　次の日は　がんばりたいな　体育の時間　K・H
花まるは　みんなにこにこ　わらう花　みんなでわらう　みんな楽しい　S・I

子どもたちは、自分の書きたいことを書きたいように短歌作品にしていた。子どもとは、すごいものである。三年生の子どもたちは、作り手としての自分をもっていたのである。

本章冒頭15頁に、前拙書を引いて、次の三つの結論を記していた。

一、子どもは、だれでも五七五七七にすぐにできる。案ずるべからず。短歌は易しいのだ。
一、初めて一首を作った後に、すぐに（次の日がよい。）歌会をするとよい。歌会後、やはり、子どもたちは、また作りたくなるのだ。
一、短歌創作と歌会をセットにしてすすめるとよい。

しかし、これは、こう加筆されるべきであろう。

一、子どもは、だれでも五七五七七にすぐにできる。案ずるべからず。短歌は易しいのだ。

一、子どもは、思ったことを詠む。大人の作為は無用。案ずるべからず。五七五七七がその子どもの短歌なのである。

一、初めて一首を作った後に、すぐに（次の日がよい。）歌会をするとよい。歌会後、やはり、子どもたちは、また作りたくなるのだ。

一、短歌創作と歌会をセットにしてすすめるとよい。

三　短歌創作最短コース―「楽しい」が最短―

短歌創作までを最短にしたら、子どもたちが「短歌、楽しい」と思うまでが、最短の時間で辿り着くことができた。

ここで伝えたいことは、一つ。

歌会までを短くすればするほど、子どもが、「短歌が楽しい」と速く思うことができるということだ。

子どもたち自身が、楽しいなあと思ったら、子どもは一人で、読んだり、作ったりしながら、進むことができる。詠み手のとしてスタートラインに立って、自分で「ようい、ドン」と号令をかけて走るようなものだろう。

短歌は、だれにでも易しい。

だれでも、すぐに作ることができる。

だから、作ったら、すぐに歌会をすること。

そうすることで、少しでも速く、子どもたちに楽しさを味わわせることができる。歌会までの一括りを目の前の子どもたちに合った最短コースで、シンプルに。

Ⅱ 読み手と詠み手を育む歌会

この章で述べたいことは、歌会を通して、読み手と詠み手が育まれていくということ。「詠み手と読み手」。ちょっとかっこつけた言葉にしている感があるが、詠み手は短歌を作る子ども。読み手は、他者が作った短歌を読み、感想を伝える子どもを指している。また、この章での感想は、作品を読んで良いと思ったことを指している。その詠み手と読み手を歌会が育てるとはどういうことなのか。以下に順に記していきたい。例によって、まわりくどい説明になることを予めお詫び申し上げたい。

一　欠かせない存在

子どもが作品を作ったら、その作品を読んで感想を言ってもらう存在が、子ども同士間に必要である。教室の詠み手には、読み手が欠かせないのだ。

なぜか。読み手の感想が、子どもに「また、作りたい」と思わせるからである。

私は、前著53頁に歌会の六つの良さの一つ目として「歌会の後、またつくりたいと思わせる」ことをあげている。歌会後に、夢中になって短歌を作る子どもたちの姿を幾度となく見てきたからである。

それなのに、歌会の何が、「また、作りたい」と思わせるのかについて、今まで、吟味して考えたことがなかった。子どもたちが醸す「また、作りたい」という空気に飲まれ、その空気を単純に喜び、冷静に観ることができなかったのだろう。いい気なものである。

だが、鈍感な私も、さすがに、この期に及んで、はたと疑問に思ったのである。なぜ、子どもたちは歌会の後に、「また、作りたい」と思うのか。

そして、気づいた。読み手の存在がそうさせているのだと。

今さらながら、遅すぎる気づきである。その上、ちょっと考えてみると、自分の作品を読んでくれる人がいて、良いところを言ってくれたら、その気になって作りたくなるのは、当たり前のこと。

でも、恥を忍んで、まとめておきたい。読み手の何がそうさせているのかを。答えは、シンプルだ。それは、子ども同士で語られる感想。良いところを見つけて話し合う、相手に伝える、伝えられる活動の存在にある。

「また、作りたい」と思うのは、読み手の感想から、子ども自身が作るための技、もしくは、あんなふうな短歌を作りたいという作品の具体像を学習するからなのだ。しかも、この学習は、子ども自身の気づきによるものだ。だれかが教えるのでもなく、もちろん私が教えるものでもない。教えようとすると失敗する例は、すでに述べたとおりだ。歌会の読み手の感想の一言一言が、詠み手に気づかせ、読み手は自分でそれに気づく。だから、「また、作りたい」と思うのである。この双方向の活動は、詠み手と読み手がいるから成立する。

二　気づきの三分類

読み手の感想によって、子ども自身が気づく時、気づきは三つに分けることができる。

一つ目は、他者の感想によって、自分の作品の良さに気づくこと。

自分では気づくことができない自分の作品の良さや自分でも良いと思っていたことを指摘してもらうことによって良さを確かにするのである。そして、その見つけられた良さが表現方法の一つとして、その子自身に積み重なっていく。

例えば、「かぎかっこで話し言葉みたいにしたのがいいね」と褒めてもらったとすると、かぎかっこを使って表現することが本人の技の一つとなり、「こんなふうにしても良かったのだな」

「また使ってみよう。今度は、どういう時に使おうか」などと思うようになるということだ。さしずめ、「このかぎかっこが　いいねと君が　言ったから　この技使って　次も作ろう」といったところだろうか。

二つ目は、他者の作品を読んで、その良さに気づくこと。

他者の作品を読んで見つけた良さが、良さを見つけた本人の表現する技の一つとして加えられていくということだ。

三つ目は、他者の作品を読んで気づかなかった良さを、他者の感想によって気づくこと。

他者の作品を読んでも、自分では気づかなかった良さが、他者の感想を知ることによって初めて、その作品の良さに気づく。その良さを知ることで、本人の技に加えられていく。

これらの気づきは、他者の作品や感想から、子ども自身が気づいていく。作品を作っただけでは、この気づきは生まれない。作品の読み手、読んでくれる人がいてこそ成り立つものだ。

これらの気づきが歌会にはそろっている。だから、子どもたちは、歌会の後に「また、作りたい」と思うのだ。そして、歌会の回数を重ねていく度に、子どもたちが見つける良さが磨かれていくのである。

ただし、子ども自身が、何に気づくかは、その子どもに委ねられることになる。それを、教室における指導と言えるのか、といったご批判もあるだろう。しかし、私は、子どもが気づき、それが次の作品を作る意欲に繋がる場を作ることも指導の一端であると考えたい。

教室で子どもたちが短歌を作る時、いや、俳句でも詩でも物語でも、教室で子どもたちが作品を作った時に、次の作品に繋げるものは読み手の存在である。稀に、読み手がいなくても、作品を作る行為そのものが好きな子どももいる。が、そういう優れた子どもも読み手がいたらなおさらであろう。

詠み手には読み手が欠かせないのだ。互いが必要な存在なのである。そして、詠み手と読み手を成立させられる学習活動が歌会なのである。

三　だれかが読んでくれる喜び

前著に続き、父の話で恐縮なのだが、再び登場させてしまうことをお許しいただきたい。父は八十六歳から川柳を始めた。怪し気な娘と息子に怪し気にけしかけられ、その気になってしまった父。二度目の新聞掲載以降も毎日のように作っては投稿した。（いや、正確には、今もしている。)。ビギナーズラックで終わるのかと思いきや、その後もぽつっぽつっと新聞に載った。ある日の夕方、仕事先から父に、帰りが遅くなる旨の連絡をした。呼び出し音二回で父の声。

「大変なことになったぞ。」

と、言うわりには声が明るい。

「何。どうしたの。」

「新聞に載った。」

「えっ、今朝は(時事川柳欄に)載ってなかったじゃない。」

「違う、違う。違うところにだ。」

確かに違うところに載ったら、内容によっては、そりゃあ大変なことなのかもしれないのだが、弾んでいる。どんな顔をしているのかも想像できた。

「帰ってきたら見せるから。」

「教えないと早く帰れない。」

「番付表に載った。」

「はあ?」

「盛岡の人で、毎日時事川柳コーナー見ている人がさ、新聞に掲載されたのを集計して、番付表作っていたらしく、俺、西の十両の下の方に名前があった。」

「ほううっ。」

「俺も全然気づかなかったけど、明子さん（義妹）のお母さんが明子さんに知らせて、それで明子さんから教えてもらったのさ。」

「へええ。」

「こういうのにも載るとは知らなかったなあ。」

「そういうこともあるんだねえ。よかったじゃん。帰ったら、ゆっくり見るからさ。」

「そだね。」

「あっ、そういえば、今日ちょっと遅くなるから。その電話だった。じゃあねえ。」

「えっ。」

その夜の父は、娘に切られた不義理な電話を怒ることもせず、遅くに帰った顔を見るなり、こう宣うた。

「来年も番付表に載る！前頭をめざす！」

人間、目標を持つということは、すなわち、生きる希望をもつということと同じであることを私は知らされた。学級の子どもたちの「目標」や「めあて」の類いも、こんなに生き生きさせるものだろうかと胸がちくっとした。そして、その人の（その子の）、その時に合った、本物の目標を持たせることの大切さを今さらながらに実感したのだった。

驚くべきことに、父は、その番付表を作って岩手日報社に送ってくださっている盛岡市在住の佐藤さんに連絡していた。あきれる程に、さっと行動する父を、褒めて良いのか迷うところではあるが、みごとだと言わざるを得ない。思ったら、さっと動けるのだから。おそらく、こういう質で失敗もあっただろうが、何か独特のアンテナがあって、ピンとキャッチすると、さっと動くのだろう。しかも、他意がなくてかわいらしいように思える。私のぐずぐずとは違う。父は、佐藤さんもかつては川柳を作っていた方だとか、今までは相撲文字で書いていたが、今年から、パソコンで作ったことだとか、様々にお話を伺い、「世の中には、すごい人がいるんだなあ。」と、驚き、感心していた。そして、怪しい川柳をさらに作るようになった。

この父の様子が、教室の子どもたちの姿と重なるのである。

作るだけでなく、それを読んでくれる人がいて、読んでくれていることが作者自身に分かることが、さらなる創作意欲に繋がっていくのである。おそらく、これは、どんな作品においても言えることなのであろうが、私は教室の子どもたちと、恥ずかしながら我が父の様子に、実感した。詠み手と読み手は互いに必要な存在であることを。

やはり、回りくどく述べてしまったのだが、この詠み手と読み手を育てる歌会について、次の項で、述べていきたい。

四　歌会《かかい》の基本的な流れ

前拙書（52―63頁）において、歌会を「学習活動が総合的に組み込まれた作品鑑賞会」とし、その良さを六つにまとめ、次のように記している。


一つ目は、歌会の後、「また、つくりたい」と子どもが思うこと。

二つ目は、どの学年でもできること。

三つ目は、若手からベテランの教員までだれにでもできること。

四つ目は、必ず盛り上がるということ。

五つ目は、「聞く・話す・読む・話し合う・書く」のすべてができる工夫しやすい学習活動であること。

六つ目は、複数の短歌作品をまるごと読めること。

前拙書では、六つの良さの具体を示しているが、この章では、これら六つの良さをふまえて、歌会が詠み手と読み手を育てるということについて述べていく。

詠み手と読み手を育てることに直接的に繋がる良さは、一つ目、四つ目、五つ目の良さ、「歌会の後、『また、つくりたい』と子どもが思うこと」「必ず盛り上がるということ」「聞く・話す・読む・話し合う・書く」のすべてができる工夫しやすい学習活動であること」である。

いや、これらの良さが成立することと作品を詠むことと読むことが一つになって歌会の良さとなると言うべきであろう。では、まず、歌会の形式を簡単に示す。

①子どもたちの短歌作品を提示する。

（作品には番号をつけて提示。「○番歌」のように言うことを知らせておく。五首程度が良い。作者名はこの段階では知らせない。）

②作品を音読する。

③一番好きだ、いいなと思う一首を選び、投票カードに記入する。

④ワークシートには、選んだ短歌の番号と理由を書く。
⑤投票カードを集め、開票する。
⑥どの短歌のどんなところがいいか話し合ったり、発表し合ったりする。
⑦作者を紹介する。
⑧歌会の感想を書き、発表しあう。

ここで大切なのは、作者を最後に紹介すること。たとえ、提示された作品がだれの作品かが分かったとしても、子どもたちは黙っていること。それが学習の大切な約束になる。この約束が果たされずに、途中でだれの作品なのかが分かってしまうと楽しさが半減してしまうのである。


なぜ大切なのか。

それは、作品を作品として読ませたいからである。

私が今まで示してきた歌会は、あくまで学級で行われる歌会を指している。学級歌会というべきものだと考えている。

本来の歌会は先の頁に示した①~⑦の基本的な流れとは違っている。本来の歌会は、歌会に参加する人それぞれが作品を持ち寄り、それら全てを読み合い、良いところを見つけ話し合い、お気に入りの一首を投票する。その後開票し、作者を知るという流れである。

この流れを学級にそっくりそのまま持ち込めば、三〇人学級の場合は、子どもたちは三〇作品を単位時間で読んでお気に入りの一首を選び投票することになる。しかし、行ってきた歌会は異なる。子どもたちの作品から、五首程度（場合によっては、四首や六首もあり。だが、それより多くても少なくても、話し合いは盛り上がらなかったことは実践的に明らかにすることができた。前掲書61頁参照）選んで提示し、それを元に歌会をすることを考えついたのである。

五　歌会《かかい》―微調整が楽しさを倍増させる―

学級で行う歌会が必ず盛り上がるのは、前頁に示した⑦の作者を知る場面である。作品を作った友達（作者）を初めて知る喜びは子どもたちにとっては大きい。さらに、友達の新たな一面を知ることにもなり、喜びには新鮮な驚きも交じる。いつも元気で、こわいものなしのようにしている友達の作品に、普段からは想像もできない弱虫な様子が分かると、「そうなのか、〇さんも、苦手なんだ。」と見方も変わってくる。

例えばK・Rさんの作品はその典型であった。

注射する　いたいしいやだ　こわすぎる　いもうとが先　いもうとの次

子どもたちは、良いところを見つける活動では、「注射が苦手なことが分かる」「妹さんを先にしてとだだこねているみたいなところがいい」「注射するときの恐い気持ちを思い出した」などと発言し、授業の最後に作者がK・Rさんだと知ったら、猛烈に驚き、そして、喜んだ。作者本人もみんなが驚いていることに驚き、喜んだ。

「Rさんもこわいんだ」「ぼくもこわいよ。」「わたしも」「針がちくっとする瞬間、体がぎゅっとなるよね」など、授業が終わったあとも注射談義で大盛り上がりになったのである。

しかし、⑦で盛り上がるには、それまでの活動にかかっていることは言うまでもないのだが、その活動一つ一つを、その時の子どもに合わせて、微調整して工夫できるのが、この学級歌会の良いところである。

1　どこを微調整するのか ―「楽しさ」を感知する―

「楽しかった」は歌会のあと、子どもたちからしばしば聞こえてくる一言である。一単位時間のどこを、あるいは、何を楽しいと言っているのかを授業中の子どもたちの空気や学習感想などから感知することが次の歌会の授業構成に関わってくる。構成するポイントは子どもの様子を踏まえ、活動・時間・順番であり、この三つを微調整することが「楽しさ」につながると考えている。

また、先に示した三つの微調整に加えて、授業中の微調整があることも記しておきたい。授業中の微調整は、通常の他の授業でも行われていることでもある。子どもたちの様子に合わせてのみ、行われるものである。

(1)　時間と活動

歌会の活動は、五つ。音読、読む、選んで書く、話し合う、学習感想（振り返り）を書く。

これらの活動内容が変わることは基本的にはない。歌会がだれにでもできるのは、歌会の内容が変わらないからだ。

まず、時間配分について記そう。

五つの活動を45分間に割り振る。

単純に五等分すれば9分ずつ。一つの活動に9分かけて、五つの活動をするのが歌会、いや学級で行われる歌会である。

この配分の仕方は、変えることができる。当然である。授業には中心がある。「ねらい」というべきものだ。その中心に直結する活動に時間を多くとることができる。そして、授業の中心をどこにするかは、子どもに合わせて授業者が決めるのである。

例えば、歌会で初めて提示された短歌作品（例えば五作品）を声に出して、戸惑わずに音読できる子どもたちであれば、9分間も音読する必要はない。全提示作品を一人で読み（9分）、その中からお気に入りの作品を一首選び、理由を書ける（9分）ようであるならば、18分などいらない。だから、話し合いの活動を授業の中心ととらえ、この活動に時間を増やした歌会を組み立てることができるのだ。

こういったことは、どの教科でも、行われていることであって、珍しくはない。逆に、授業の中心を定めて、時間配分の微調整は必須事項であろうと思う。

学級で行う歌会の場合、話し合う活動が授業の中心になることが多い。従って、話し合い活動をどう設定するかで他の四つの活動が決まってくるといっていいだろう。

歌会を構成する時の活動と時間配分は以上のようになるが、授業中の微調整はどのようになるのか。

それは、子どもの「飽きの一歩手前」を感知することにある。歌会で行われる五つの活動、音読、読む、選んで書く、話し合う、学習感想（振り返り）は、子どもたちにとって、ことさらに新しいことではない。だから、配分した時間をもとに、子どもの「飽きの一歩手前」言い換えれば、次の活動に移ったときに、「もうちょっとしたいなあ」くらいの所で次の活動に移ることが肝要なのだ。

「飽きの一歩手前」は、「楽しい」と紙一重だ。子どもが楽しそうだと察し、安心してしまうとその直後に「飽き」が控えていることを忘れてはならない。例えば、音読をしている時、様々な音読を楽しいと思っている時、子どもの体は真っ直ぐだ。動かない。「飽き」の微細な兆候は肩の動きだと私は思っている。飽きさせてしまった子どもたちは、肩どころか体中がゴムのようになる。

(2) どんな作品を選ぶのか

歌会提示作品を五作品とすることを基本として、次のように考えて、行ってきた。

結果的には、歌会で、子どもたちに、何を感じ取らせたいかに関わってくる。

①題材と表現で全て違う五作品にする場合

二つの場合がある。

一つ目は、子どもたちに、「こういうこと（題材）も短歌にできるんだな」と感じ取らせたい場合だ。この場合は、題材の違う五作品にする。

二つ目は、同じ題材、もしくは、似た題材で表し方が違う五作品にする。「こういう表し方もできるんだな」と感じ取らせたい場合である。

これら二つの場合は、何をテーマで作らせたかにかかわってくる。前者は、自由題材で作らせた場合、後者は同一テーマで作らせた場合になる。

ただし、自由題材で作ったとしてもテーマが同じになることはよくあること。

その場合、題材と表現を二対三、あるいは三対二に分けて提示し、話し合いの時の子どもたちの気づきを知ることをねらいにしたこともある。

不思議なことに、一対四で提示した記憶がない。「いい案配」にするために避けたのか、私自身に発想の自由さが欠けていたのか、分からないのだが、もしかしたら、子どもたちが楽しそうにできるか心配だったのかもしれない。

②作品と子ども（作者）

だれが作ったかで提示作品を決める場合もある。

「だれが作ったか」に違和感をもたれるかもしれない。

なぜなら、歌会の大切な約束に「作者＝だれが作ったかは最後に知らせる」ことがあり、それは、「作品を作品として読ませる」ためであることと記していたからである。

しかし、授業者が、提示作品を決める時には、「作品」だけでは足りない、と思っている。だれが、何を思って作ったのかを想像して、あるいは、前回の歌会では、だれの作品が提示されていたか、他の子どもの気づきはどうか、などを確かめて、決めるのがよいと思っている。学級集団一人一人を生かしたいという願いがあるからだ。作品だけでなく子どもも生かしたいのだ。一年間の歌会の積み重ねの後には、全員の作品を提示したいと思うし、一回一回の歌会の終盤に、作者を知った時の学級の子どもたちの顔が、どんな表情になっているかを推察しておくことが必須だと思っているからだ。

どんな作品を提示するかを考えることは、子どもの読む活動と作品を通した作者を知る活動を、作品ごとに刺激することだと思っている。だからこの調整は欠かせないのだ。

(3) 順番

①作品提示の順

歌会で提示する作品は五作品程度がよいことは、すでに前拙書でも示してきた。ここでは、作品を提示する順番について記しておきたい。

作品提示の順番をどのように決めるかと問われれば、何かの競技の団体戦のオーダーのようなものだと答えるだろう。

競技の場合は、対戦相手によってオーダーを決める。だが、作品提示の順番の場合、私は、結果的に、いつも次の二つのことで決めている。

一つは「子どもたちの表情」、もう一つは「はひふへほ」。大袈裟なことではなく、寧ろ、ここに記すことが恥ずかしくもあるのだが、結果的にいつも、この二つで決めている。

初めてこの作品を目にした時に、子どもたちは、どんな表情をするだろうか、どんな喜び方をするだろうかなどを想像して決めているのだ。どんな「はひふへほ」だろうか、と妄想するのである。「はああ！」だろうか、「はあ?」だろうか。「ひい」と驚くだろうか、「ふうん」と納得するだろうか、「へえ」と感心するだろうか、「ほう」と喜ぶだろうか、それとも驚くだろうかと、あれこれ想像するということだ。

単純すぎて恥ずかしいのだが、それでも、ちょっとしたルールを決めていることも記しておくことにしたい。一番歌、三番歌、五番歌に山を作るパターンと、二番歌、四番歌、五番歌に山を作るパターン。団体戦でいうと、先行逃げ切り型とアンカー勝負型とでも言えようか。つまりは、作品を見た時の子どもの反応が同じようにならないようにするということだ。

⑷　話し合う活動＝作品の良さを見つける学習活動

歌会の話し合う活動は、作品の良さを見つける学習活動を指す。子どもたちにとって、必然的な話し合いは、二回まで位置づけられると思っている。

一回目は、投票後。二回目は開票後。

①一回目の話し合う活動

この話し合い活動は、一対一対話、ペアでの話し合いがよい。

一回目の話し合う活動は、提示作品の中で自分が一番いいと思ったお気に入りの作品を決めて、投票（用紙に記入）し、その理由をノート、若しくは、ワークシートなどに書き記した直後に行われる。

この時の話し合いは、ペア（隣同士）で行うのがよいと思っている。しかも、隣同士で聞き合ったら、全体での交流は、あっさりと行うとよいのだ。

子どもたちは、投票後、「みんなはどれがいいと思ったのかな」と思っている。だから、聞き合ったり話し合ったりする活動は子どもの心情には合っている。しかし、だからといって、どの作品が良いと思ったかを全体で話し合うのは、この時点ではぴったりこない。

理由は二つ。

一つ目は、ペアでの話し合いが、どの作品をなぜ選んだのかを聞き合う活動だからである。ペアで聞き合った何をどんな理由で選んだかを、学級全体で交流しても、単に、伝えるだけの話し合いに留まってしまう。ただし、学級全体での交流が全くないと、「みんなはどれがいいと思ったのかな」という思いと微妙なずれを生じさせる。だから、ペアでの話し合い後、三人程度の発言がよいと思っている。それ以上は、やればやる程、ワンパターンの空気が教室にたまってくる。

二つ目は、結果は開票後に分かるのだから、その時の「お楽しみ」を残しておくのがいいのである。それが次に話し合う活動を楽しくさせるのだ。

まとめると次のようになる。

一、投票後、ペアで、どの作品がよかったか、どんなところがよいと思ったかなどを話し合わせる。その後、全体で、ペアで聞き合ったことを交流する。三人程度の発言でいい。

一、交流の際の子どもの話し方の例としては自分の考えだけでなく、ペアの相手の考えも話すことがよい。

例えば、「隣の○さんは、□番の短歌を選んでいました。～のところがいいなあと思ったからだそうです。ぼくは（あるいはぼくも）、△番の短歌を選びました。理由は、（ちょっと違っていて）

～です」などのようにする。そうすると、三人の子どもが話せば、話の内容から六人の子どもたちの様子が全体に分かることになる。もし可能であるならば、違う作品を選んだ子どもたちを指名するのがよい。開票の結果への期待感が増すからだ。

三人程度の子どもたちの発言によって、六人の状況が分かると、子どもたちの心は、もう何となく落ち着くのである。「なるほど、そういう状況ね。」と。これを何人も何人にも指名し続けたら、繰り返しになるが、ワンパターンの空気の中で、子どもはあの「ゴム」状態になってしまう。

「三人程度」を何人にするか、これも微調整の一つにもなる。その時の子どもたちの表情や発言内容の重なり具合いで決めてきた。

②二回目の話し合う活動

二回目の話し合う活動は開票後に行われる。

繰り返しになるが、開票は盛り上がる。

一票一票開票されていく時の子どもたちの表情は、本当に麗しい。

作品に票が入るとその度に喜び、「四番歌がんばれ」「おお、この調子」など、作品を応援するのである。その声が教室を膨らませるようだ。何年生で歌会を行っても、この様子は同じだ。そうこうしているうちに結果は出る。はっきりと。一位から最下位まで。だから、開票直後に良さを見つける話し合いが必要なのである。

二回目の話し合い活動で大切なことが二つある。

一つは、最下位の作品にもある良さを見つけさせる活動は必須だということ。投票結果が最下位であっても、作品の良さがあることに気づかせたいのだ。

この話し合い活動の場合、四人グループが、子どもたちにはよいと思っている。一回目のペアでの話し合いの時のように、手元に自分の書き記したものが全くない二回目の話し合いは、二人だと行き詰まりやすく、四人だと子どもたち同士の関係性さえできていれば、様々な考えが出しやすい。ただし、全ての提示作品について全部グループで話し合わせて交流させるという流れで進めると、パターン化し、教室の空気はやはり滞る。だから、一気に全体に問うて交流したり、グループで話し合わせた後に交流したりするなど、子どもの空気を察知しながら進める。

最下位の作品は丁寧な話し合いをさせることが、子どもたちの作品を読む目と温かい心をつくることにつながると確信しているので、グループでの話し合いを通してたくさんの良さを見つけさせたい。

二回目の話し合いで大切なことの二つ目は、作品の良さを見つけ合う時の作品の順番である。どの作品から良さを話し合わせるか、意図を持って行うことだ。少なくとも、次のことは知っておきたい。

一、投票数第一位の作品を最初に行わないこと。できれば最後がよい。
一、惜しくも二位となった作品から、いいところを話し合うと、子どもたちはためらうことなく話し合うことができる。話しやすい下地をつくったところで、最下位の作品について話し合わせる。
一、全ての作品の良さを見つけたら、開票結果を越えてよさをみつけることのできた子どもたちの素晴らしさを価値づける。

話し合う活動について記してきた。

55頁で前述したように、歌会の活動は、五つ。音読、読む、選んで書く、話し合う、学習感想（振り返り）。五分の一の学習活動が話し合う活動になる。その五分の一の時間で二つの話し合いをすることになる。どちらの話し合いに重きを置くかも微調整しながら進めていく。

特に、子どもたちが歌会を経験すればするほど、微調整が必要になると実感してきた。目の前の子どもが、今、何に胸弾ませて学習しているかによって、調整し、楽しさや互いの新しさに気づかせたいと取り組ませてきた。だから、場合によっては、話し合いを一つにすることもあった。全体での交流をせずにペアでの対話だけで進み、二つ目の話し合いに時間をかけることもあった。ペアの対話、全体での交流だけで話し合いが十分に行われたと思った時には、直ぐに開票に入り、開票後の話し合いは二作品だけにしたこともあった。

詳しく記せば記すほど、「難しそう」と思われるのではないかと心配になるのだが、それは違う。歌会の五分の一を担う話し合い活動は、言っ

歌会授業風景

てみれば、子どもに合わせて五分の一を自由自在に調整できるということだ。ちょっと調整すると、子どもたちの楽しさは、ぐんと増すのである。

次頁以降に、歌会で提示した作品群を示す。歌会で使って、そのまま残していた現物を載せることができた作品は箱囲みにして示した。また、現物は残っていたものの組み合わせが、もはや曖昧になっている作品は、列挙に留めた。ただし、掲示作品に何番歌かが示されて残ってあったので、提示番号はそのまま記した。提示作品の作者名は、ここでは記さなかったことを予めお断りしたい。

左下のＱＲコードから70頁に載せた作品の歌会のダイジェスト版の動画（令和三年三学期に実践し、その直後編集した動画。編集者は松澤春香教諭）をご覧いただけます。

〈三年生の初めての歌会提示作品〉

きのうはね　ぼくの弟　たんじょう日　おいしいケーキ　笑顔がいっぱい
つよいかぜ　ホットコーヒー　あたたまる　こんなときには　走ってみたい
雨がふる　てるてるぼうず　つるしては　ねがいをこめる　はれるとうれし
ひがんばな　きれいな花が　風にゆれ　夜長をすごし　また朝がくる
よやくした　サッカーキッズを　待っている　わくわくしてる　フェスティバルの日

〈三年生二回目の歌会提示作品〉

おとうさん　おこるとこわい　だけどすき　だってやさしい　めっちゃ大すき
空の上　雲はどこまで　つづくのか　空のさいごは　どこにあるのか
うそをつき　宿題中と　ごまかして　その次の日に　なるとばれてる
とびばこの　練習がある　次の日は　がんばりたいな　体育の時間
花まるは　みんなにこにこ　わらう花　みんなでわらう　みんな楽しい

〈三年生が初めて45分間で歌会を二回行った時の提示作品〉

なみだがね　ぽろりと落ちた　しょっぱいな　そのあと笑顔　そのあと元気
海に行き　チャポンチャポンと　ういている　泳げないのに　なぜか来たんだ
うるさいな　となりの家は　工事中　はやくおわって　お願いします
桜台　みんなにこにこ　わらう花　もっとふえたら　いいんだけれど－

おかあさん　いつもつかれて　仕事から　帰ってきては　ぐったりだなあ
注射する　いたいしいやだ　こわすぎる　いもうとが先　いもうとの次
ストーブは　あたたかいから　ほっとする　ため息も出る　一人の時間
先生に　いつもおこられ　かなしくて　ぼくの心を　はやくかえたい

〈四年生歌会提示作品〉

わたしたち　まじめにそうじ　できません　そしておこられ　やり直しです
四の一　みんな短歌を　作ってる　みんながんばる　背中が見える
おねえちゃん　けんかをすると　お母さん　味方にまわして　にやっとしてる
せんたくを　たのまれました　だがだけど　ぼくはぜったい　やりたくないです
にひひひひ　こっそりおかし　食べちゃおう　やっぱりうまい　一人のおやつ

ぶどうがり　ぶどうをとりに　行きました　たべたりしてさ　わらったりしてさ
泣いていい　逃げていいから　あきらめるな　あきらめたなら　すべておわりさ
秋になり　朝は寒がり　昼は暑い　朝は長そで　昼は半そで
空見れば　ひつじ雲たち　お出むかえ　いわしの雲にも　会えたらいいな
サッカーの　新人戦が　待っている　五年生との　大事な勝負
朝起きて　とても寒いと　言いながら　パパのベッドに　もぐってかくれる

ありがとう　そう言われると　ほっこりと　そんな気持ちが　こみ上げてくる
かちかちと　時間が過ぎる　だけなのに　そうじをしない　やめてください
ねえねはさ　いつも遊びに　行ってます　ぽつんと悲しい　ひとりの時間
何書こう　ネタがきれそう　どうしよう　これが最後の　一首になるか
寒くなり　朝のストーブ　あったかい　ひとりじめして　楽しています

新聞は　頭脳を集め　作るんだ　版画や手紙は　心をこめて
けんかして　いっつもぼくが　あやまるよ　いつになったら　順番かわる
下校中　大きな虹が　かかったよ　もやもやしてた　心すっきり
あじまんが　終わると聞いて　泣いたけど　また来ると聞き　なみだをかえせ
今月は　雪がふるのか　ふらないか　わくわくするが　覚悟もいるぞ
花まるの　木もあり森も　あったんだ　次は海でも　くるのだろうか

①まわりを見　短歌を作る　材料を　さがして時間　すぎていきます
②おかあさん　けんかするほど仲がいい　なんていうけど　ほんとにそうか
③自分でも　分かっているの　わがままで　よくしかられる　こまったなあと
②限られた　時間の中で　短歌をね　作るみんなの　背中が見える
③サッカーの　試合でシュート　決めたんだ　二点はぼくの　自まんのシュート
④夏が来る　ストーブが去り　せん風き　パパが一人で　使っています
⑤ねる時に　いつもママには　大すきと　言っているから　ねる時は楽
①夢で見た　ことが事実に　なっちゃって　びびってびびって　ふるえるわたし
②夏だったら　冬がこいしい　冬だったら　夏がこいしい　どっちがこいしい
③世界には　どのような国　あるのだろう　一度行きたい　全ての国に
④夏の夜　浅いねむりに　せみが鳴く　ミーンミーンと　高く静かに
⑤岩手県　花巻熱く　盛岡も　最高気温　三十六度
空を見た　きれいな夕日　しずんでく　今日の大きな　きねん写真だ
秋になる　ピアノの音色　ひびかせる　がんばるわたし　ピアノがある日

六　歌会《かかい》が培う子どもの心

この章では、歌会が子どもの心を培う一助になることを記したい。

初めて歌会を行った時の、子どもたちの何とも言えない表情をうるわしいと思った。そのうるわしさを教えてくれたのは、宮沢賢治の母校、花巻市立花巻小学校六年生の「小さな歌人たち」であった。二〇〇七年のことである。

賢治を題材にした短歌創作の授業を行ったその時に、初めて歌会を授業に取り入れた。人生で二度目の歌会がこの時だった。言わば私は超ど素人。それなのに「いつか教室で歌会をしてみたい」と思わせるほど、初めての歌会経験（岩手大学大学院在学中が初めての歌会経験だった）に魅せられていたのだった。そして、その「いつか」が二〇〇七年だったのである。

繰り返すが、初めて歌会をした時の子どもたちの顔を、そして、教室の空気を忘れられない。子どもたちの顔があまりにもかわいらしくて、いや、晴れ晴れとしていて、いや、きれいで、いや、美しくて、そして、醸す空気が温かくて、いや、睦まじくて…、ただただ、うるわしいと思ったのだった。

また、そのうるわしさに学びの成立を見た思いがしたのである。学びの成立などと書くと、かっこよすぎる気がするのだが、一見すると、ただ和やかに活動しているような歌会の学習活動が、音読する・読む・書く・話す・聞く・話し合うが絶妙に組み合わされ、作品のいいところを見つけ合うことに収束していく。最後には、友だちの人となりに気づいていく。子どもたちはこれらの活動に飽きない。様々な学習をしたと思い、新しいことに気づいたと思い、次の創作に意欲をもつ。この一連の学習サイクルが「学びが成立している」と思わせた。ゆえに、私はそれ以降、どの学年でも歌会を行ってきた。前拙書にも記したように、短歌創作同様、歌会も一年生から六年生まで全ての子どもができた。その度に子どもたちのうるわしい様子に教えられてきた。歌会が子どもの心を培うことを。

なぜ、歌会の子どもたちをこれほどまでにうるわしいと思い、心を培うことができると思えるのか。それには三つの理由があると思っている。

一つ目は、何度も記すことになるが、歌会で、作品を読み、良さを伝え合う活動が行われるからである。この活動が作品を読むことを子どもに学ばせ、次に作りたい作品のイメージをも膨らませていくことにある。

二つ目は、作品を通して、友だちの新たな一面に子どもたちが気づくからである。

子どもたちの心が培われる一助となるのは、作品から他者の新たな一面を知ることが大きな割合を占めていると考える。

歌会の最後に作者を知った時、教室は歓びの声と拍手に溢れる。あの瞬間に、それまで、作品の良さだけを見つめてきたのだが、最後に初めて作者を知り、良さが「人」にも拡がるのである。「〇さんが作ったのか」「こういうことを思っていたんだ」と、作品から人となりやその人の思いを知るのである。子どもは思ったことを短歌に表す。思ってもいないことは言葉にしない。歌会には、作品の良さと人を知る過程が組み込まれている。作品と人の双方を知る活動を経て、子どもの心はだんだんに柔らかくなり、しだいに学級全体の空気も柔らかくなっていく。その様子がうるわしいのだ。

「だんだんに柔らかくしていく」としたのには、理由がある。

作品を通して人を知る時、子どもの何が揺さぶられているのかと考えると、それは、「察する」ことなのではないかと思っている。作品から、人を「察する」。例えば、普段はあんなふうにしているけれど、こんなことを考えていたのかといった気づきである。しかも、子どもがそれぞれに自ずと気づくのである。だから、「だんだんに」なのだ。「急に」や「一気」にではないのだ。こういうことを書くと、それらが「国語の学力の何になるのか」といった言葉が聞かれるかもしれない。しかし、子どもの柔らかい心、学級の柔らかい雰囲気に、柔らかい考え方が培われていくと私は考えている。歌会の良さは回を重ねるにつれて「だんだん」にじわじわと効いてくるボディ攻撃のようなもの。（ボクシングをしたこともない私が言うのもおかしいが。）

三つ目は、歌会の形式にある。

教室で行われる歌会は誰にでもできる。かつての自分のように初めてでもできる。そして、どんな子どもも受け入れる。どの子も歌会で学習することができるのだ。つまり、歌会の形式が成熟しているのだと思う。懐が深いのだ。だから、タブレットを使った歌会をも成立させることができるのだと思う。

これら三つの理由から、私は歌会が子どもたちの心を柔らかく培う一助となると考えているのだ。さらには、歌会での作品を読む観点や他の良さに気づくことは、他教科にも生かされる。例えば、図工の単元に位置づけられている作品鑑賞会や体育のアドバイスをし合う活動などにつながる。良さをみつける活動のほとんどにつながると言えるだろう。

七　歌会《かかい》で知った子どもの二つの分岐点

1　子どもの読みの分岐点

私は同じ学年の子どもたちを三年生から五年生までの三年間、担当する幸運に恵まれた。子どもたち（少なくとも、五年生（五年一組）の学級の三分の一の子どもたち）にとっては、三年にわたって、朝から夕方まで顔をつきあわせてきたのだから、飽き飽きしただろうし、とても幸運などとは言い難かったことだろう。しかし、子どもたちは私に多くのことを教えてくれた。まず、「読みの分岐点」について気づかせ、考えさせてくれた。

子どもたちが教え、私に考えさせてくれたことは、子どもの作品の読み方は変容していくということだ。この一文に「当たり前でしょう。そんなことも知らなかったのか。」と呆れられる方もいらっしゃることだろう。しかし、改めて実感したのだ。

歌会で子どもたちが作品を読み、見つけた良さは、簡単に言えば、着目点が学年によって、違ってくる。中学年前半は、言葉への着目、中学年後半は様子への着目、高学年前半になると心情に着目する比率が高くなるのだ。子どもたちは、思ったことを短歌にする。心と言葉は表裏している。それなのに、他の作品を読むとなると、作品から心情を読み取ろうという観点にはすぐにはならずに、段階をふむのだ。

三年生から担任していた子どもたちを学級編成後に、五年生、五年一組として担任し、この子どもたちと初めて歌会を行った時の、子どもたちの変化に驚いた。作品の良さを見つける活動での発言が以前と異なっていたのだ。「この短歌で言っている宿題に対する気持ちがよく分かる」「共感できる」などといった発言の割合がぐっと多かったのだ。作品から心情を察することが、自ずとできる段階に入った子どもたちを垣間見た瞬間だったと思っている。

この子どもたちの様子から、「読む」と「詠む」には「心情」という観点において「ずれ」があるということを私は子どもたちから教えられた。だから、子どもたちの段階に応じて「言葉」「様子」「心情」の割合を調整していくことが、子どもたちの学習の発達段階と学習内容がぴたりと合い、そういった学習が子どもに成就感を持たせられることになるのではないかと考えたのだった。

2　子どもの詠みの分岐点

ここでは、子どもの詠み、つまり、短歌を作ることについて記したい。

前章において、子どもは思ったことを短歌にすると記した。しかし、思っていても作れない時期を迎える子どもがいることを私は知らされたのである。

予め、結論を述べておこう。

子どもが、思ったことを短歌に表すことは、言わば、短歌の形式と心情の吐露が一体となることである。この「心情の吐露」にブレーキがかかる時期が来ると、短歌を作れなくなるのだ。もちろん、短歌の形式に言葉をつむぐことはできる。が、本人が「自分でもおもしろくない」作品、納得できない作品になってしまうのだ。ちょうど第二次性徴期と重なるのではないかと推察した。

また、作品をいくつも作ってきた子どもだからこそ、自分の作品の善し悪しが分かり、それゆえにブレーキがかかる時期なのかもしれないとも考えた。

低学年であればある程、思ったことをそのままに、何のてらいもなく、「ルンルン」と言葉で表すことができることは、前拙著においても、かつて担任した「小さな歌人たち」のアンケートの記述（前掲拙書253〜254頁、261〜264頁）をもとにしながら、考察し、記した。

しかし、目の前の子どもに、「ルンルン」の時期を経て、新たな時期に突入する子どもがいることを知ったのである。それは、あまりにも唐突だった。

「短歌を作ることに何のためらいもなかったK・Rさんに、思っていても表せなくなる時期がくる？　あのK・Rさんに？　そんな・・・・。」私は、全く考えていなかった。しかも、今まで、何度も短歌を作ってきた子どもたちの中にいるなど・・・・。

K・Rさんの作品と学習の様子を挙げながら、少し詳しく述べたい。

まず、K・Rさんの三年生、四年生の時の歌会で提示した作品を四首載せる。

〈三年〉
注射する　いたいしいやだ　こわすぎる　いもうとが先　いもうとの次
ねる時に　いつもママには　大すきと　言っているから　ねる時は楽

〈四年〉
にひひひひ　こっそりおかし　食べちゃおう　やっぱりうまい　一人のおやつ
何書こう　ネタがきれそう　どうしよう　これが最後の　一首になるか

これらの作品を作ってきたK・Rさんは、心が自由だった。思ったままに発言したし、行動もした。それゆえ、それなりのトラブルにも遭ったりしてきたのだが、その自由さをよい方向に自分自身で伸ばしてきたとも言える。短歌も自由だった。良くも悪くも「ルンルン」以上に、ばんばん作っていた。五七五七七の形式に合わせて、幾首も作る姿はもちろんのこと、自分で作った作品を自分で楽しむ姿が見られるほどだった。

それなのに、五年生になったK・Rさんが、「ルンルン」「ばんばん」ではなくなったのだ。五年生になって、ぐっと落ち着いたK・Rさん。言わば、「大人」になったのである。本人をも悩ませていた自由奔放さは、穏やかな解消をみせ、トラブルも激減した。が、作れなくなったと本人が初めて自覚したのである。どんな学習も「できない」と言ったりすることはなかったのに。

春よ来い　春になったら　グラウンド　練習デビュー　上手くなりたい

この一首に時間をかけて、あちこち削ったり、直したりして作ったが、本人が納得するものではなかったのだ。「五七五七七になっているよ、大丈夫だよ」などの励ましなど本人にはもはや通用しない。担任は無力だった。考えてみれば、四年生のときに、短歌を作ってから、一年近く経っている。今週の詩や短歌で音読はしているものの、詠みのブランクがあった。

それが、詠みのブレーキに拍車をかけたのかもしれない。が、続けて作る過程にはどの子にも作れなくなる分岐点にさしかかる時があるのではないだろうか。その時、どのような学習が、子どもを次の道に進ませるのであろうか。

作品を作る分岐点にさしかかった後も、作品を詠み続ける道を選んだ人達の声を聞きたいと思った。

Ⅲ　リモート歌会

一　さらにたくさんの短歌作品が読める！　詠める！

子どもたち一人一人に一台ずつ端末（以下タブレットと記す）が渡され、使われるようになって以来、いつかタブレットを使って、短歌創作、そして、歌会を子どもたちと体験したいと願い続けてきた。その日がついに訪れた。令和五年二月のことである。

タブレットを短歌創作、歌会仕様に設定してくださったのは、幸運にも再び同じ学年となった松澤春香教諭（二組担任）である。また、学年歌会を、タブレットを使ってリモートで行うために、三組担任の七ツ田渉教諭も奔走してくださった。さらに、主幹教諭の川村実教諭も子どもたち及び私たちのサポートをしてくださった。三人の先生方に改めて感謝申し上げたい。

子どもたち、自分たちにとって、何か新しいことをしようとする時、「人」「時」の巡り合わせがあって成り立つことを今回も身に染みて実感した。試みたいと思ったからといって、直ぐできるものではない。

「人」「時」の巡り合わせの幸せにひたすら感謝し、この機会を生きたものにしなければならないと思っている。

1　なぜ、端末を使いたかったのか

私は「アナログ」大好き人間である。いや、違う。「デジタル」が苦手なのである。教員になった時から「アナログ」仕様で生きてきたのだから、仕方ないと思うことにしているのだが、子どもたち一人一人に端末が渡され、子どもたちにより良いようにしたいという思いを消すわけにはいかない。子どもたちには、分からなかったら勉強すればいいといっておきながら、自分が勉強もしないのはあまりと言えばあまりである。だから、詳しい同僚に教わり、ああでもないこうでもないと言いながら取り組んできた。言わば、「『デジタル』劣等生」である。

ある時、先述の松澤春香教諭に聞いた。

「なんで、そんなに知ってるの？どこかで勉強したの？」

いつものように、柔らかいながら、直球回答が返ってきた。

「使わなければならない状況になったからですぅ。」

なるほど。つまり私は切羽詰まっていないということか。いや、違う。切羽詰まっている。心情的に。「だから、今、いっしょに取り組んでいるのっ。」と自分に言い聞かせる日々を送り、分からなくなる度に、だれかを呼び、授業中であろうと聴きに行き、何とか取り組んできたのである。

そして、実感している。

便利である。今までできなかったことを可能にする。

例えば、即時的に作品を見合うことができるのは便利さの最たるものだろう。子どもが学習時間で作った作品を、その時間内で、子ども同士で見合うことができるのだ。

また、単元内で学級の子どもが作った全作品も子どもたち同士で読み合うことができるのだ。一人に何十枚も印刷して渡して読み合うなどということもいらない。たくさんの作品を即時的にも通時的にも読むことができる。もうこれ以上記すのは止めよう。すでに、「当たり前化」している。

つまり、私は子どもたちに、子どもたちが作った短歌作品をたくさん読ませ、たくさん作らせたかったのである。なぜなら、繰り返しになるが、詠み手と読み手の双方が互いを育て合うから！　そのために、端末を使うことが便利だっただけである。けれども私は、鉛筆とノートを、チョークと黒板を、絶滅危惧種にしたくない派？であることは恐らく一生変わらないだろう。

2 「アナログ」の歌会があるからこそ引き立つ

端末を使った学習が便利なことは言わずもがなである。しかし、便利さが激増する以上に、激減するものがある。

それは、子どもたちが醸す授業中の空気感とその感受量だ。感受するのは、教師だけでなく、子どもたちも恐らくそうであろうと思っている。こんなことを書くと、あきれられるに違いない。「これだから、だめなのだ。目に見えぬものを観点にするなど、もってのほかだ」と。だが、明らかに違う。

何が違うのか。学びの空気感だ。子どもたちが醸す凝縮と拡散の空気感が違う。

端末を使った学習は、個の学びを保障する。だから、タブレットを使いながら、一人一人がぎゅうっと集中していく。教室の空気が凝縮されていくのが分かる。

一方、そうでない場合は、集団で学ぶ空気が醸成される。子どもたちの集中が、凝縮したり、拡散したりしながら積み重ねられ、層を成していく。層と層の間には、車のハンドルで言うところの「遊び」が自然に差し込まれる。そして、その場にいる子どもたちならではの空気感がつくられる。そこにタブレットはない。あるのは、子どもと教師と学習材だけである。「抽象的な表現ですり抜けようとしている!」とお叱りを受けそうなのだが、今はこのようにしか表現できない。本当にこう思うのだ。ぜひ、比較実践してみてほしい。事実、私たちは後述するリモート学年歌会において、実感したのである。

詳しくは、次の章で記すが、アナログにはデジタルに越えられない良さがあるのだ。当然、デジタルにはアナログにはない良さがある。だからこそ、そのどちらも体験させることは授業づくりに欠かせないということを記しておきたい。

二　歌会《かかい》に始まり歌会に終わる　新しい試み

1　新しい試みとは何か

新しい試みとは何か。

それは、単元冒頭にも歌会を位置づけたことにある。

今までの歌会は、子どもたちが作品を作った後に、位置づけて行ってきた。作った作品を読み合い、次の作品作りの意欲に繋げるためである。しかし、この単元で位置づけた単元冒頭の歌会は、次の二点が違っている。

一つ目は、短歌作品の具体像をもたせるために位置づけたということ。

二つ目は、他の学級の子どもたちの作品を提示作品にしたことである。

なぜ、この位置づけをしたのか。それは、次の理由による。

短歌創作と歌会経験にばらつきがあったからである。学年三学級の内、一学級（私の学級である）は、短歌創作と学級歌会を先に行った。学年でそろえてリモート歌会を行うのは難しいと予想し、学年でそろえて行えなくても、学級単位でならこの単元を学習させられるだろうと半ばあきらめてそうしたのであった。しかし、学年教務であり、拙書「編集長」である松澤春香教諭はあきらめなかったのである。

「やるんです。千明先生の学級の短歌作品を使って、二学級で学級歌会をして、短歌創作の仕方を学ばせるのはどうでしょう。」

この一言は新鮮だった。萎えた気持ちが起き上がったのを今でもはっきりと覚えている。そして、この「歌会に始まり歌会に終わる単元」は出来上がった。結果的に、次のことができ、分かったのである。

一つ目は、この単元冒頭の歌会で短歌創作の復習ができた。

子どもたちは、「今週の詩・短歌・俳句」として、音読はしてきたものの、一年ぶりの短歌創作であった。また、中学年で短歌をたくさん作った経験がある子どももいればそうでない子どもがいる。だから、歌会の、特にも、提示作品の良さを見つける学習活動を行いながら、短歌の形式、何でも題材になることなどを、再度学ばせる必要があった。それが、できたのである。

二つ目は、単元の学習内容と時間の精選である。

これも結果として、分かったことである。もともとこの短詩型文学教材を扱う単元は一学期に組まれているものであった。しかし、単元の入れ替えをして二学期に位置づけた。それが、三学期に延びていたのである。四学期があるはずもなく、「崖っぷちにいる」とさえ思った。しかし、人間は時間のない時ほど、考えられるのかもしれない。まさに「火事場の馬鹿力」。この単元を最大限効率よく、最短時間で子どもが楽しめる単元にするためには、学習内容の何を詰めることができるのかを考えることができた。いや、もっと正直に言うと、結果的にできたのである。それが、「歌会に始まり歌会で終わる単元」となった。

三つ目は歌会の柔軟性と可能性が分かったことである。

この単元を行う以前は、歌会を学級で行うときには、その学級の子どもたちが作った作品の中から提示作品を選んで行ってきた。しかし、歌会という形式は、他の子どもたちが作った作品であっても、子どもたちの学びは成立した。これを目の当たりにできたことは、今後、どんな学年、学級、あるいは学校においても、この単元構成での授業ができることを示唆していると言えよう。収穫は大きかったと自覚している。

単元の概要を示す。

令和五年二月十一日（土）日本国語教育学会岩手支部会二月研修会で発表した資料をもとに提示し、説明を加えることを予めお断りしたい。

①他学級の子どもたちの作品で歌会をする。
→作品の具体像を知らせる。
②作品を作る。
＊①②は60分で一単位時間にする。
③学級歌会をする。作品を作る。
＊タブレットを使って、学級歌会を試みる。
④タブレットを使って、学年歌会をする。

2　学級歌会と学年歌会

学級歌会は学級で行う歌会、学年歌会は学年で行う歌会を意味している。歌会の流れは28～29頁と51～52頁に示したような基本的な流れをもとにして行った。

〈①②について　学級歌会＋短歌創作〉―歌会後にすぐ創作活動を位置付ける―

肝心なのは、①②の活動が、一単位時間を60分とし、歌会と創作活動を続けて行ったことだ。他学級の子どもたちの作品で歌会をした後、すぐ創作活動を行ったことは、短歌作品の具体像を知らせることで創作意欲に繋げることがねらいだったのだから、歌会と創作活動を単位時間に繋げることは、ごく自然のことであったし、子どもたちも歌会後直ぐに創作活動に入ることができた。

〈③について　学級歌会＋短歌創作〉―歌会直後に短歌を作る―

一単位時間60分歌会＋創作の学習の翌日に、前日に作った同じ学級の子どもたちの作品で学級歌会を行い、歌会直後に創作活動に取り組んだ。前時の歌会と違うのは、歌会の作品が同じ学級の友達の作品であること。と単位時間が45分間であること。歌会をして友達の作品を読み、良さを見つけあったことを生かして創作する考え方は前時と同じである。そして、この時作った短歌作品で、学年歌会を行ったのである。

〈③の学級歌会について　アナログ歌会・タブレットを使った歌会〉―タブレットを使いながら対話する―

学級歌会はタブレットを使って行った。

この時である。

89～90頁に記した「アナログ」の良さと体感させる必要性を実感したのは。

歌会を初めて体験させる時は、端末を使った歌会ではないほうがよいと再認識したのは、子ども同士の話し合いが減ることによる。子どもたち同士が、ああでもないこうでもないと話したり、聞いたりしながら、作品の良さを見つけ合う。その活動によって、より良い空気が生まれていく。子どもが作る、いや、子どもたちに作らせていく空気は学級づくりに欠かせないのだ。子どもたちが生身の人間として、話したり、聞いたり、見たり、嗅いだりしたことを通して感じていく「心地よさ」は、学級づくりの基盤であると私は考えている。歌会は、この空気を作ることができる学習活動なのである。

今まで学級歌会を幾度も行ってきた松澤教諭は、今回初めて端末を使った歌会を行った。短歌創作用シートやアンケートとその集計など学習支援ソフトロイロノート（以下ロイロノートと記す）を駆使して作成したのも松澤教諭である。授業後の感想をこう述べた。「なんで、タブレット歌会のまえに普通の歌会をすれば良いかが分かりました。」と。そこで、考えたのである。タブレットを使いながら、対話する学習活動を。この授業構成は、端末を使った学習全てにおいて、参考になるであろうと私は思っている。何でも取り組んでみて初めて分かることがある。だから、思ったら、まず、行ってみることが私達にとっての学びになることを、身をもって知った。

〈④の学年歌会について　学年リモート歌会〉―学年歌会にすると何がいいのか―

学年歌会は、イメージの中では絶対可能な授業であるとは思っていたが、私たち担任のだれも行ったことはなかった。こういう時、アナログな私は、まず役に立たない。しかし、学年を組む学年教務兼「拙書編集長」松澤春香教諭、ＩＣＴ担当の七ツ田渉教諭は抜群の力を発揮する。それからもう一つ記しておきたいことがあった。それは、こういう時、松澤教諭は何度も、本当に何度も何度も、確かめてくるのだ。「なぜ学年で歌会をするとよいのか」と。

私はいつも怪しく答える。つまりは、答えながら実践の意味を確かにしていくことになるのだ、私は。上手い手を使ってくる。

「学年歌会にすると何がいいんですか。」

「学年みんなの作品を見ることができる」

「学年みんなの作品を知ると何がいいんですか。」

「たくさんの短歌を読める。そう！　それよ！　45分の歌会で九十三首も読めるんだよ。それだよ！　それ！。」

「九十三首も読めると何が良いんですか。」

「九十三首の中から一首選ぶ。そのために必死に読む。それがいいの。」

（禅問答かっ！　私に質問しないで、質問に自分で答えてから、私に確かめよ。）などと思っているると、

「九十一首から一首選ぶことは何がいいんですか。」

「読む力をつける。ただし、この一回ではできない。何度も積み重ねていくと…だよ。」

私は次の質問を予想していた。

なぜなら、うっかり使ってしまった嫌いな言葉があったからであるし、私なら、きっとそう質問するだろうと思ったからだ。

「『読む力』って何ですか。」

「何《なに》でそれを確かめるんですか。計ることができるんですか。」

不運にも、その質問はなかった。きっと、私がいらついているのが分かったのだろう。いつか、この問答ができるかと思えば楽しみである。

いつものように前置きが長くなった。お許し願いたい。

初めての学年歌会はできた。歌会は学年で取り組む価値のある学習であると確かめることができた。接続の難しさなどもあったが、そういったことはこの学習の意味においてはたいしたことではなかった。子どもたちは45分間に三十首（各学級十首ずつに合計三十首に変更して

行った。九十三首では、読むというより印象で終わってしまうのではないかと考えたからである。）の作品を読み、お気に入り一首を選び、対話し、歌会の楽しさを味わうことができたと思っている。

〈「リモート歌会」という名称について〉—子どもが考えた名称—

当初私たち担任団は「タブレットを使って歌会をします」のように子どもたちに伝えていた。ところが、ある子どもの振り返りに「リモート歌会」という言葉があり、それがどこかぴったりしているように思い、以後、「リモート歌会」とした。学級リモート歌会、学年リモート歌会の流れは次のようになる。

〈タブレットを使った学級歌会の流れ〉

〈前日〉

①歌会形式の授業を行い、短歌作品のイメージを具体的に持たせた後、「ロイロノート」を使って短歌作品を作る。

〈当日〉

①昨日作った自分の作品から一首選び、ロイロノートに提出。

②子どもたちの全短歌作品を無記名で提示。（教室のテレビ画面と個々のタブレット端末の両面に。）作品には番号を付けて提示。作者をこの段階で知らせないのは今までの歌会と同じ。

③作品を音読する。

④投票。一番好きだ、いいなと思う一首を選び、ロイロノートによるアンケートに回答する。

⑤書く。ノートに、選んだ短歌の番号と理由を書く。

⑥聞き合う。どの作品を選んだのか、理由は何かを聞き合う。

⑦開票。投票結果をテレビ画面で知る。
⑧結果をもとに、どの短歌のどんなところがいいか、聞き合う。
⑨作者を紹介する。
⑩振り返り。歌会の感想をノートに書き、発表し合う。
⑪短歌作品を作る。

〈リモート学年歌会の流れ〉

〈前日〉
①学年三学級ともにロイロノートを使って短歌作品を作る。
②授業後、担任団で子どもたちの全作品を読み、各学級十首ずつ選ぶ。その後、ロイロノートに掲出。

〈当日〉Zoomで全学級をつないだ状態で始める。

①読む。学年の全短歌作品を個々のタブレット端末画面に無記名で提示。作品には番号をつけて提示している。作者をこの段階で知らせないのは、今までの歌会と同じ。

②選ぶ。全三十作品の中からお気に入りを一首選ぶ。

③投票。一番好きだ、いいなと思う一首を選び、ロイロノートによるアンケートに回答する。

④書く。ノートに、選んだ短歌の番号とその理由を書く。

⑤聞き合う。どの作品を選んだのか、理由は何かを聞き合う。

⑥開票。投票結果をテレビ画面で知る。

⑦聞き合う。結果をもとに、どの短歌のどんなところがいいか、各学級で話し合い、その後、Zoomを使って学年で聞き合う。

⑧作者を紹介する。

⑨振り返り。歌会の感想をノートに書き、その後、各学級の発言を聞き合う。

三　新しい試みと結論

私は三八頁において、自分が示した短歌創作における結論を次のように加筆修正した。

一、子どもは、だれでも五七五七七にすぐにできる。案ずるべからず。短歌は易しいのだ。
一、子どもは、思ったことを詠む。大人の作為は無用。案ずるべからず。五七五七七がその子どもの短歌なのである。
一、初めて一首を作った後に、すぐに（次の日がよい。）歌会をするとよい。歌会後、やはり、子どもたちは、また作りたくなるのだ。
一、短歌創作と歌会をセットにしてすすめるとよい。

しかし、この結論も嬉しい加筆となる。「歌会に始まり歌会に終わる新しい単元」の試みによって次のような結論となる。

一、子どもは、だれでも五七五七七にすぐにできる。案ずるべからず。短歌は易しいのだ。
一、子どもは、思ったことを詠む。大人の作為は無用。案ずるべからず。五七五七七が、その子どもの短歌なのである。
一、初めて一首を作った後に、すぐに（次の日がよい。）歌会をするとよい。歌会後、やはり、子どもたちは、また作りたくなるのだ。
一、短歌創作と歌会をセットにしてすすめるとよい。
一、歌会は作品の具体的なイメージを広げ、創作意欲に繋がる。単元冒頭に位置付けることもできる。
一、短歌創作と歌会はタブレット端末を使って行うことができる。それによって作品を作る、読む楽しさが新しくなる。

学級歌会・学年リモート歌会の様子は、93頁に示した日本国語教育学会岩手支部会二月研修会でも発表させていただいた。授業録画のダイジェスト版をご参照いただければ幸甚である。

下のＱＲコードから日本国語教育学会岩手支部会二月研修会で発表した学級歌会・学年リモート歌会の授業録画のダイジェスト版をご覧いただけます。

四　リモート歌会《かかい》の実際

この章では、ロイロノートとズームを使った学級歌会と学年歌会の様子を写真で紹介する。学級歌会は花巻市立桜台小学校。授業は五学年全三学級で行われた。拙書では、五年二組で行われた映像を抜粋して載せた。（そのため、写真としては不鮮明であることをお許し願いたい。）授業者は松澤春香教諭。期日は令和五年二月八日（水）。

学年歌会は令和五年二月九日（木）。同じく桜台小学校五年生で行われた授業である。

学級歌会（作る／前日）

学級歌会　写真①

学級歌会

作品を作る。（写真①②）

他の学級の作品を使って、歌会形式の授業を行い、短歌作品のイメージ作りをした。その後、子どもたち一人一人がタブレットを使って、短歌作品を作った。ロイロノートに短歌創作シートを作成し、それを使って、子どもたちは短歌作品を作った。タブレットを使おうが使うまいが、指を使って数える仕草をする子どもがいることがうるわしく思えた。

そして、翌日、タブレットを使って、学級歌会を行った。授業者は松澤春香教

学級歌会（作る／前日）

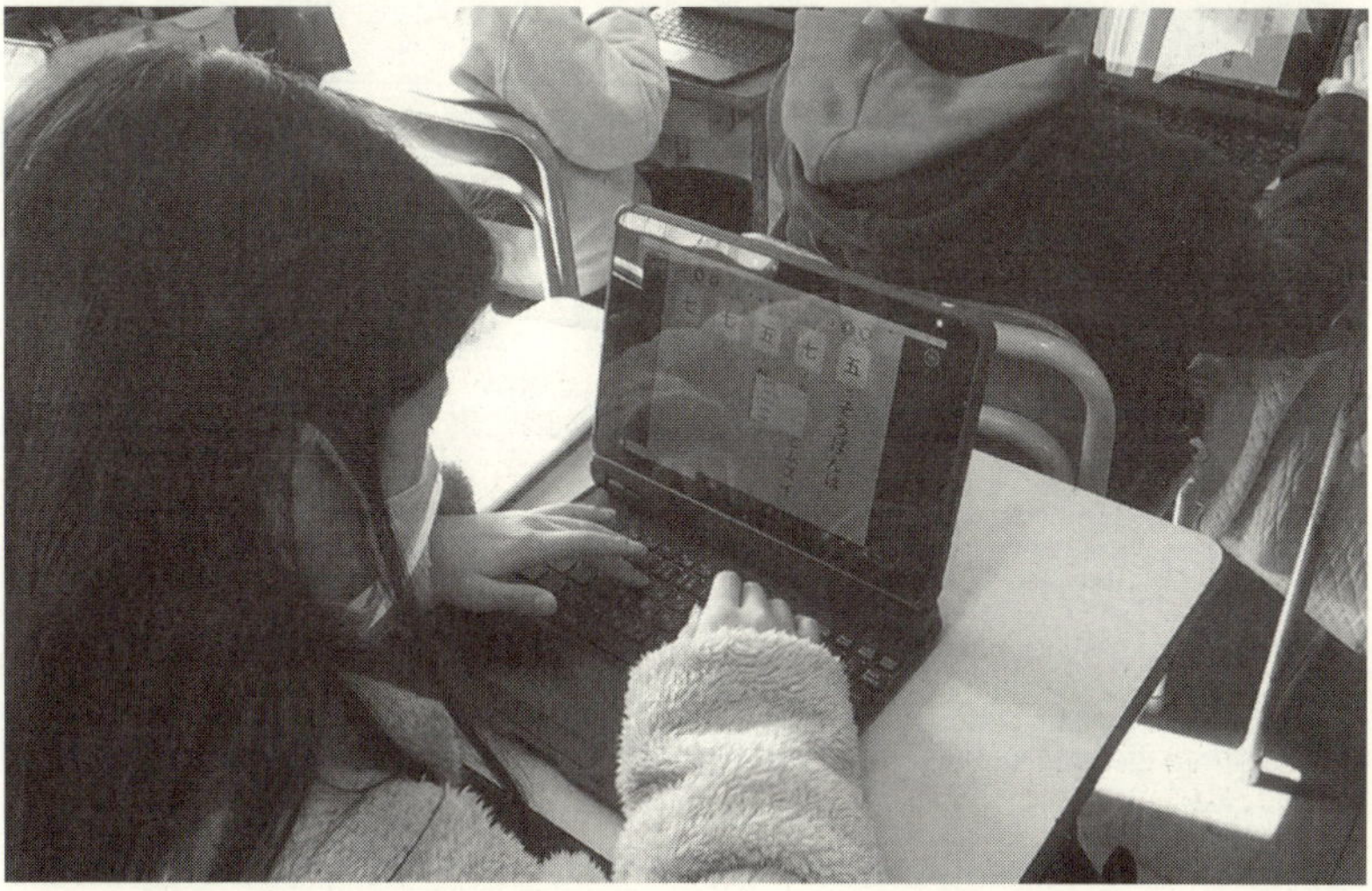

学級歌会　写真②

諭。子どもたちは桜台小学校五年二組。歌会の流れを示して始まる。歌会の流れは学習の流れである。基本的には、学習の流れを導入部分で知る活動は、歌会以外の授業でも行われている。

ロイロノートの短歌創作シート、歌会用「学級歌会投票アンケート」の作成は、松澤教諭が行った。

学級歌会（授業導入）

学級歌会　写真③

歌会当日。

学習の流れを子供たちに知らせている授業導入場面。

松澤春香教諭による五年二組での授業（写真③）

学級歌会（自分の作品を選ぶ）

学級歌会　写真④

歌会本時の課題確認後の学習活動。前日に作った自分の短歌作品を読み、提出作品を選んでいる場面。（写真④）

学級歌会（選んだ作品を提出する）

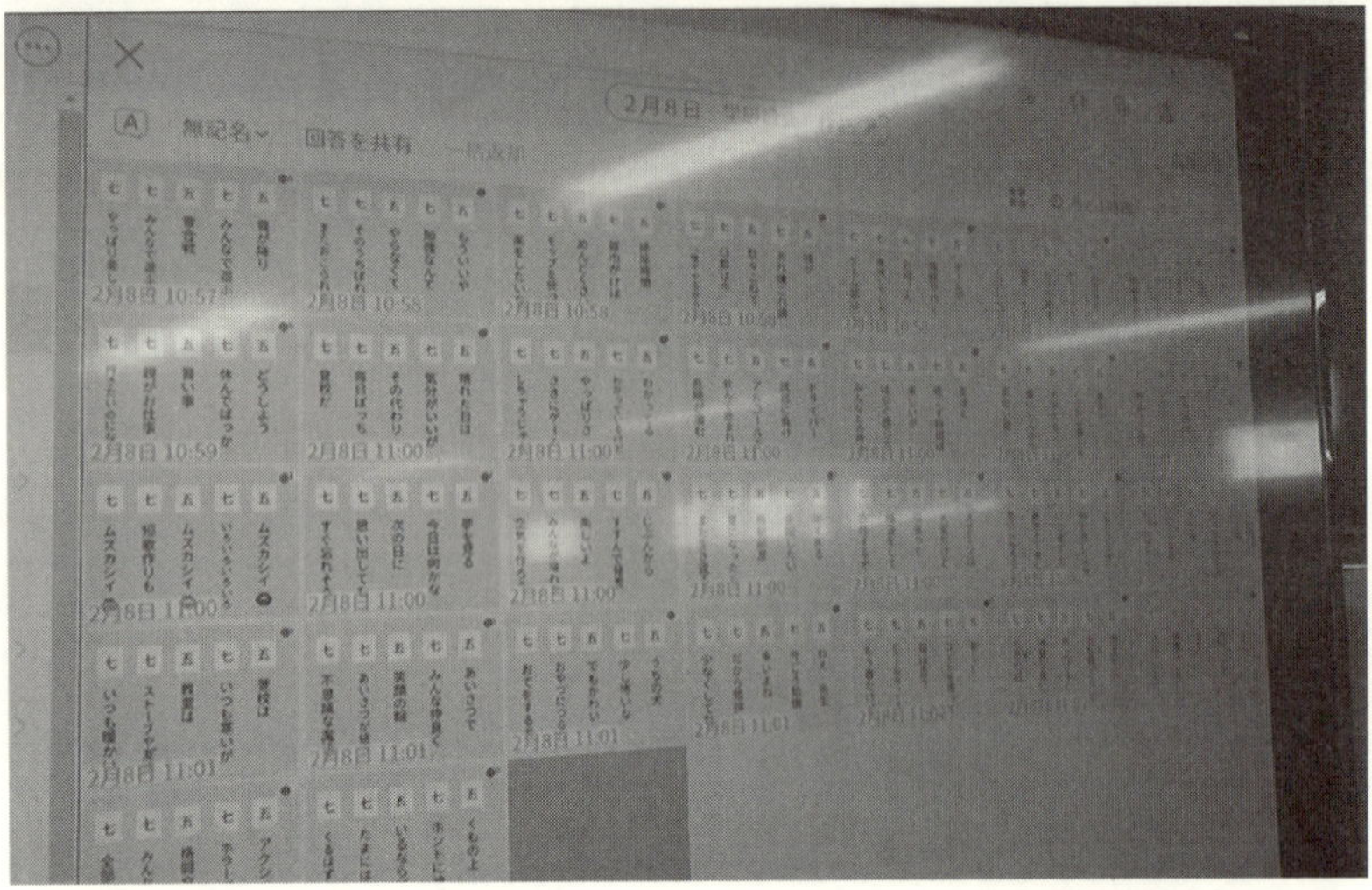

学級歌会　写真⑤

ロイロノートに提出。全体画面は無記名で表示されている。（写真⑤）

ただし、投票時に困らないように、予め子どもに提示した無作為の番号を表記している。ここまでの活動に時間はかからない。

提出後、学級全員の作品（三十一作品）をタブレット画面で読み、お気に入りの一首を選んでいる場面。（写真⑥）

松澤春香教諭が作成した短歌創作シートは五七五七七に分かれているシートである。

学級歌会（読む）

学級歌会　写真⑥

　子どもたちは三十一作品をあっという間に読み、お気に入りの一首を選んだ。

　その後、選んだ一首とお気に入りの一首として選んだ理由をノートに記述した。

　ノートに書き終わった子どもは、再びタブレット画面で作品を読んで待っていた。タブレットとノート双方に書く活動を位置づけることは欠かせないと考えている。タブレットだけでもノートだけでも、それぞれの良さを生かせない。本当に書ける子どもにするために、何にでも書けるようにことが必要だと思っている。

学級歌会（投票）

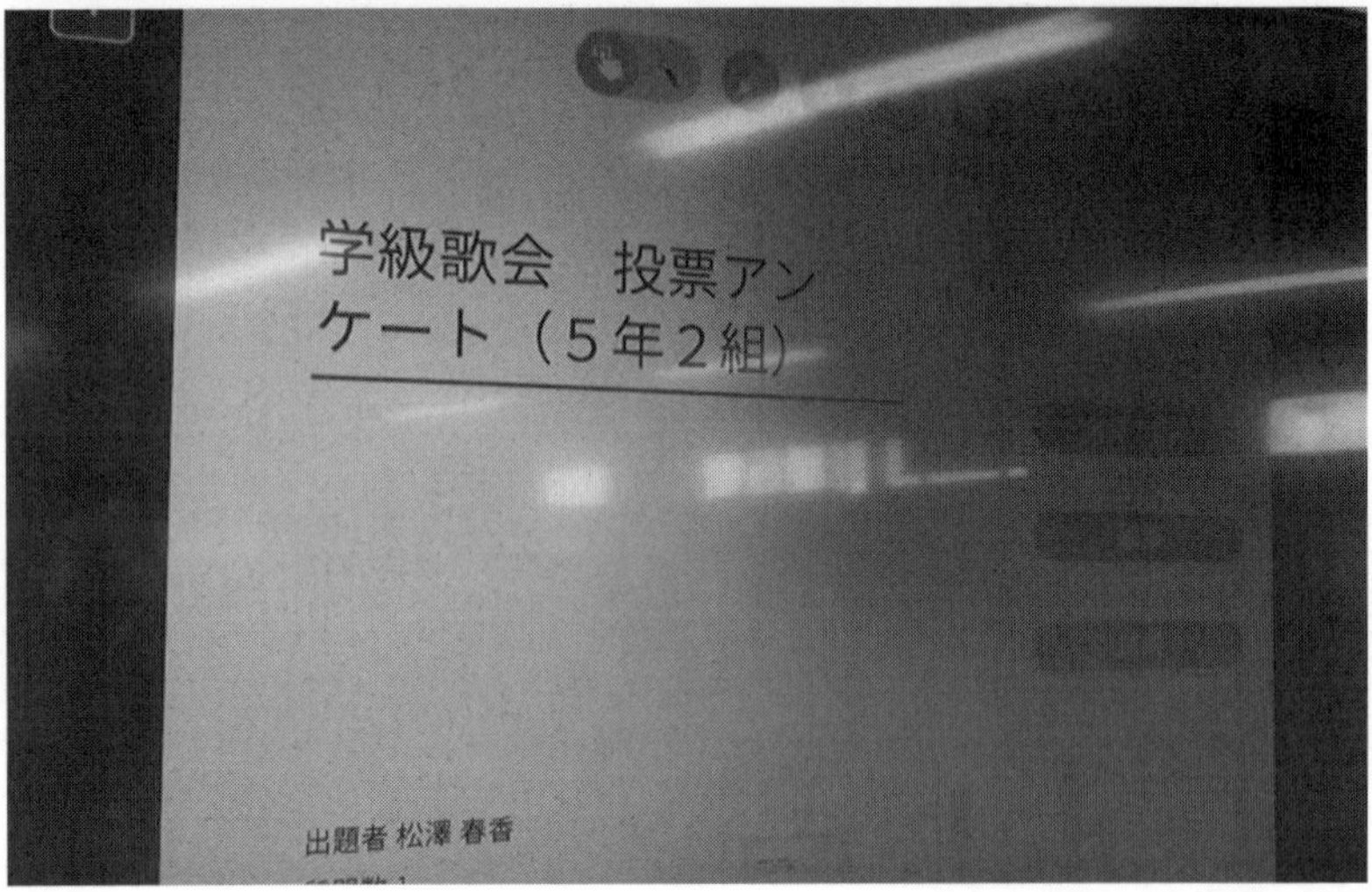

学級歌会　写真⑦

ロイロノートを使った「学級歌会　投票アンケート」。（写真⑦⑧）

ロイロノートを使った投票アンケートの良さは投票から開票までが一気に進むこと。デジタルの良さそのものだ。

学級歌会（投票）

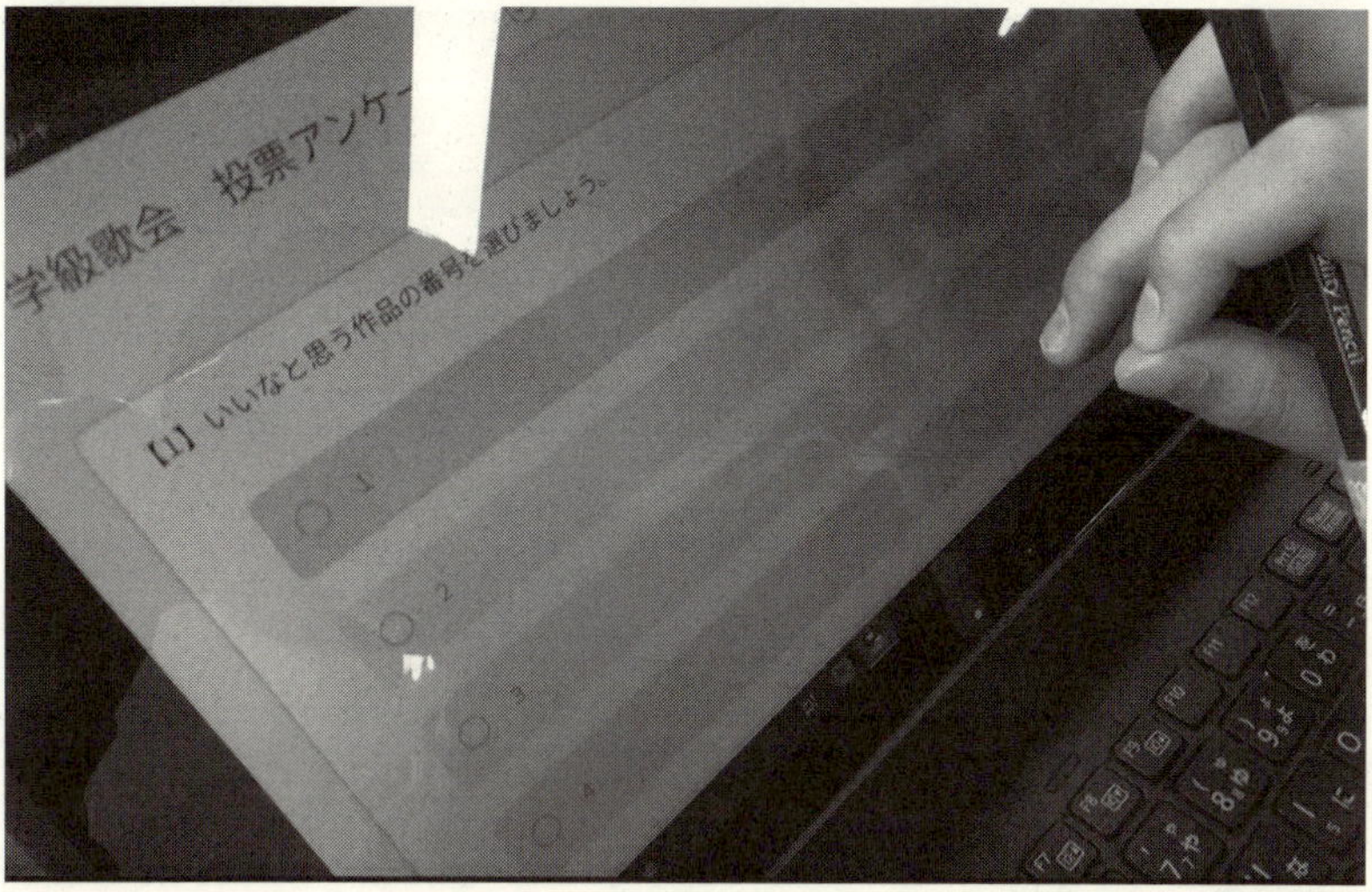

学級歌会　写真⑧

　では、アナログで行う場合の良さは何か。それは、一票一票開票されて、提示作品に正の字で書き加えられていく時の教室の盛り上がりである。「二番歌、頑張れ」「やったあ、三番歌」子どもたちが作品たちを応援する声。その声と空気は、学びの場の宝だ。

学級歌会（見つけ合う）

学級歌会　写真⑨

投票後の見つけ合う活動の場面。

投票後でまだ開票しない段階で、どの作品を選んだのかその理由は何かを聞き合っている。（写真⑨）

ペアでもグループでも行うことができる。この時間をどれくらいとるのかは微調整が必要。

ペアで聞き合う活動後に、ペアで聞き合ったことを学級全体に伝え合っている場面。

学級歌会（見つけ合う）

学級歌会　写真⑩

この聞き合う場が、作品の良さに気づくことにつながる。

タブレット端末を使っても。子どもたち同士の聞き会い、話し合う対話は必須だと考えている。

効率の良さから生まれる時間を子どもたちの対話に使うことが、読み手と詠み手の心を培うと思うからだ。（写真⑩）

学級歌会（開票）

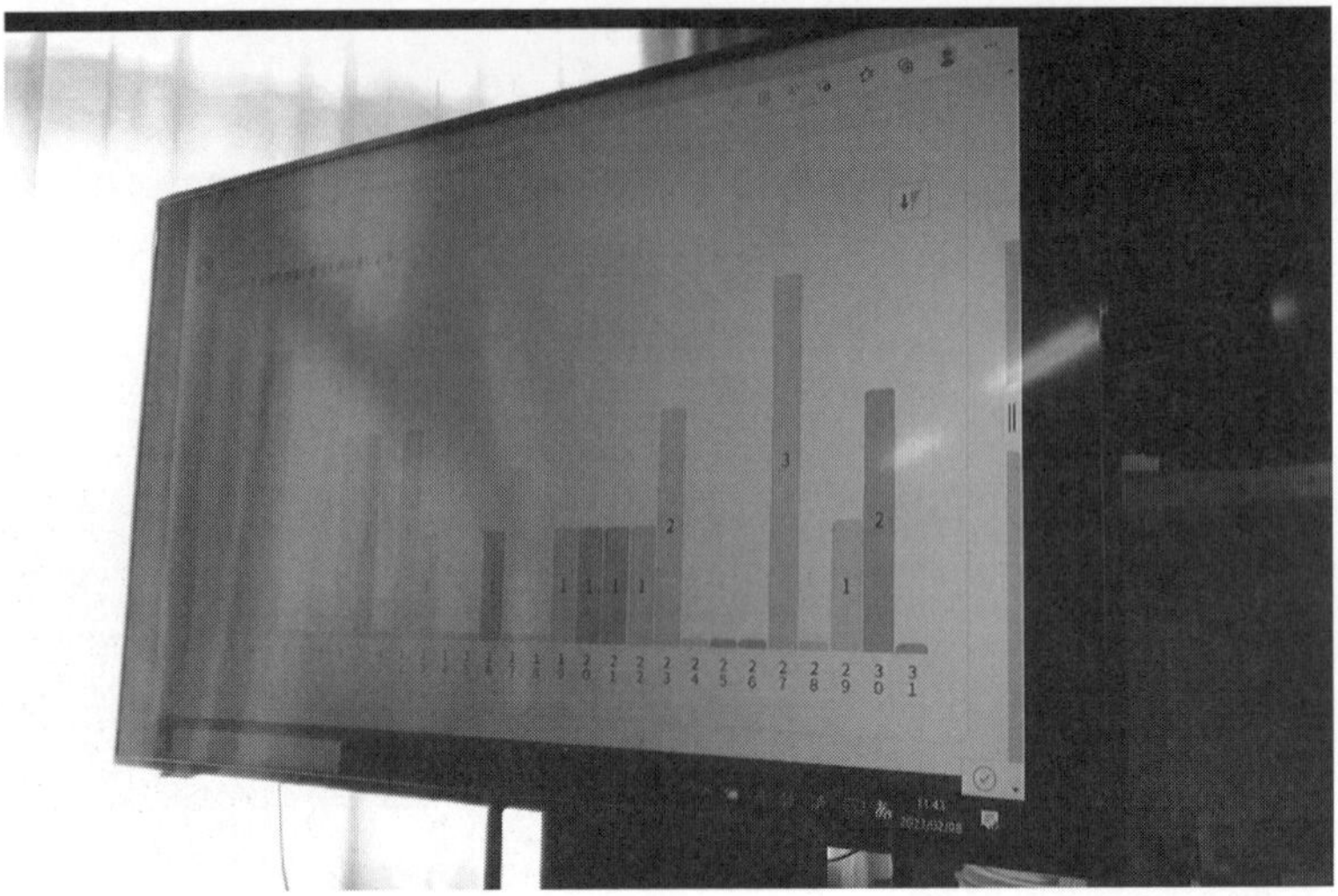

学級歌会　写真⑪

全体画面で開票。（写真⑪）

開票後に、「投票し直すことはできない」ということが大切な約束になる。事前に子どもたちに伝え、子どもたちが分かっていることが必要。結果をもとに、みんなが、なぜ、この作品を、いいと思ったのか、あるいは、一票も入らなかった作品のいいところをみつける話し合いもできる。

作者を知る場面。（写真⑫⑬）

タブレットを使った学級歌会では、いいところを見つけ合って話し合った後、開票し、結果三位から一位の作者を紹介した。写真はその時の様子である。拍手をしている子どもたちの様子がうるわしい。

学級歌会（知る）

学級歌会　写真⑫

学級歌会　写真⑬

学級歌会（作る）

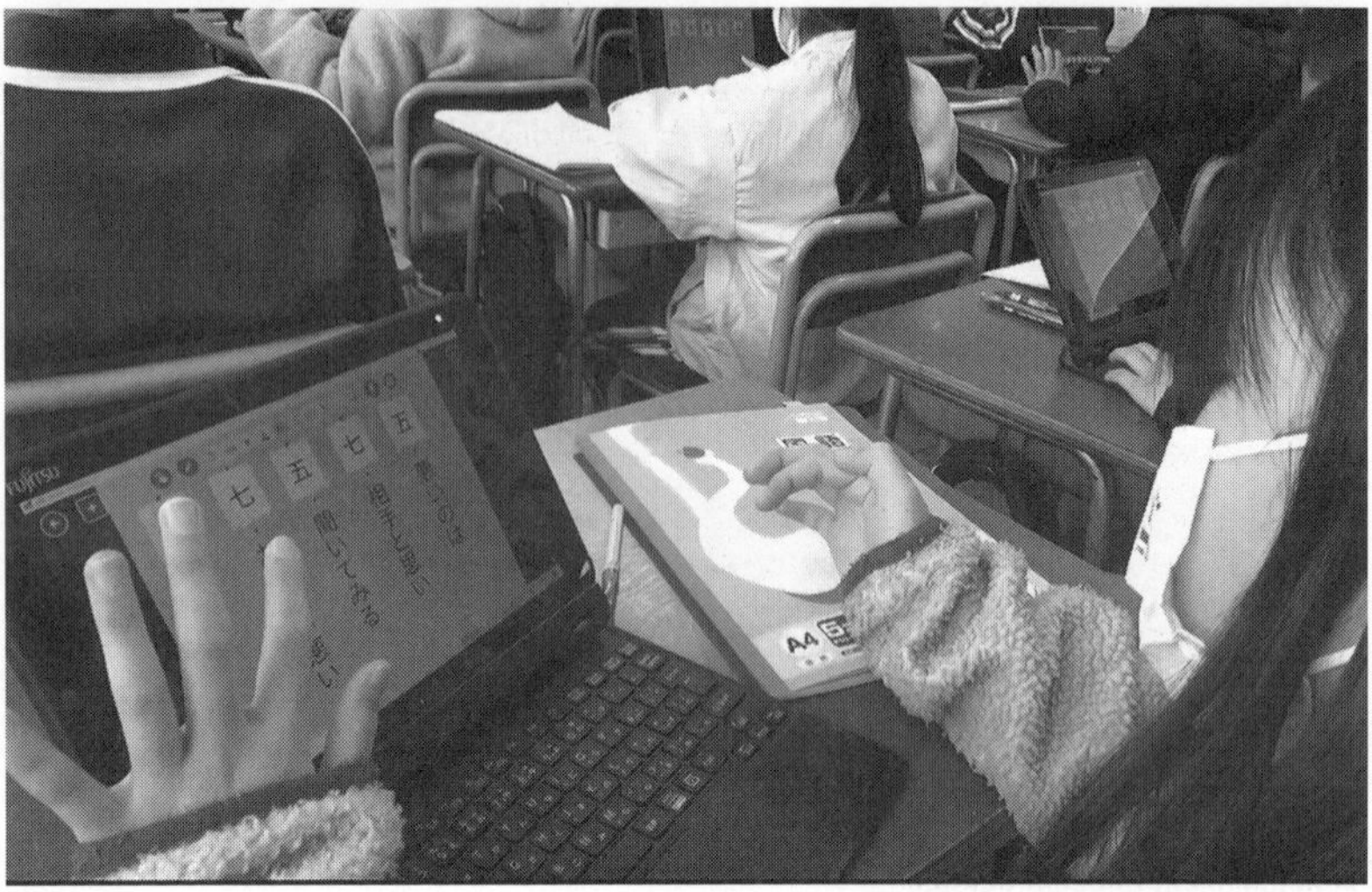

学級歌会　写真⑭

　歌会後に、子どもたちが再び短歌を作る場面。単位時間に歌会と創作を合わせて行った授業である。歌会後、さらに黙々と創作する子どもたちの姿がみられた。（写真⑭）

　タブレット端末を使うことで、効率よく時間を使い、それによって作り出された時間が、余裕のある短歌創作の時間を作る。

学級歌会（作る）

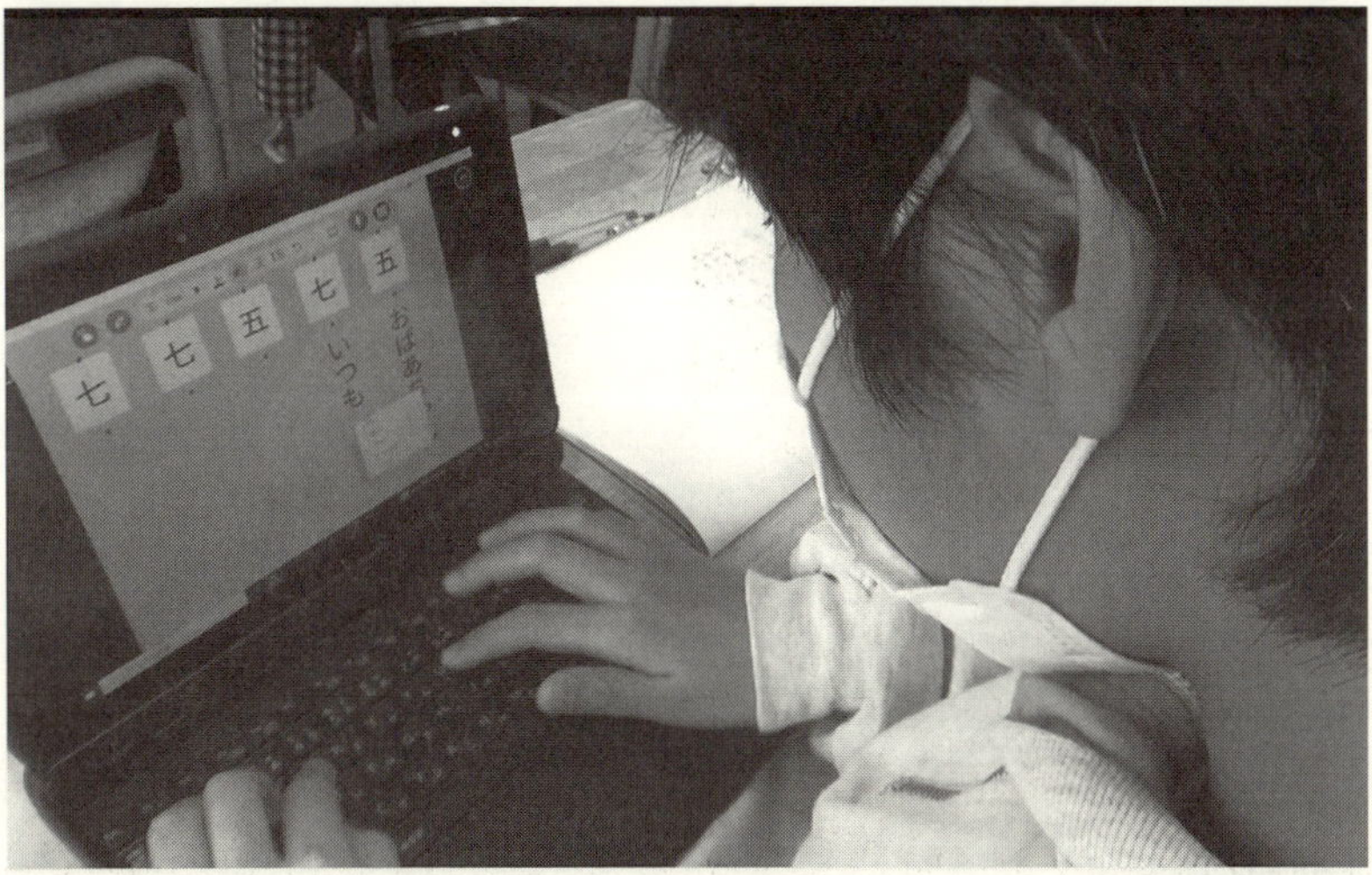

学級歌会　写真⑮

以前に自分が作った短歌作品のシートをもとにして作っている子どもたち。自分の作品の取り出しが易しいのも、タブレットの良さである。（写真⑮）

学年歌会（読む）

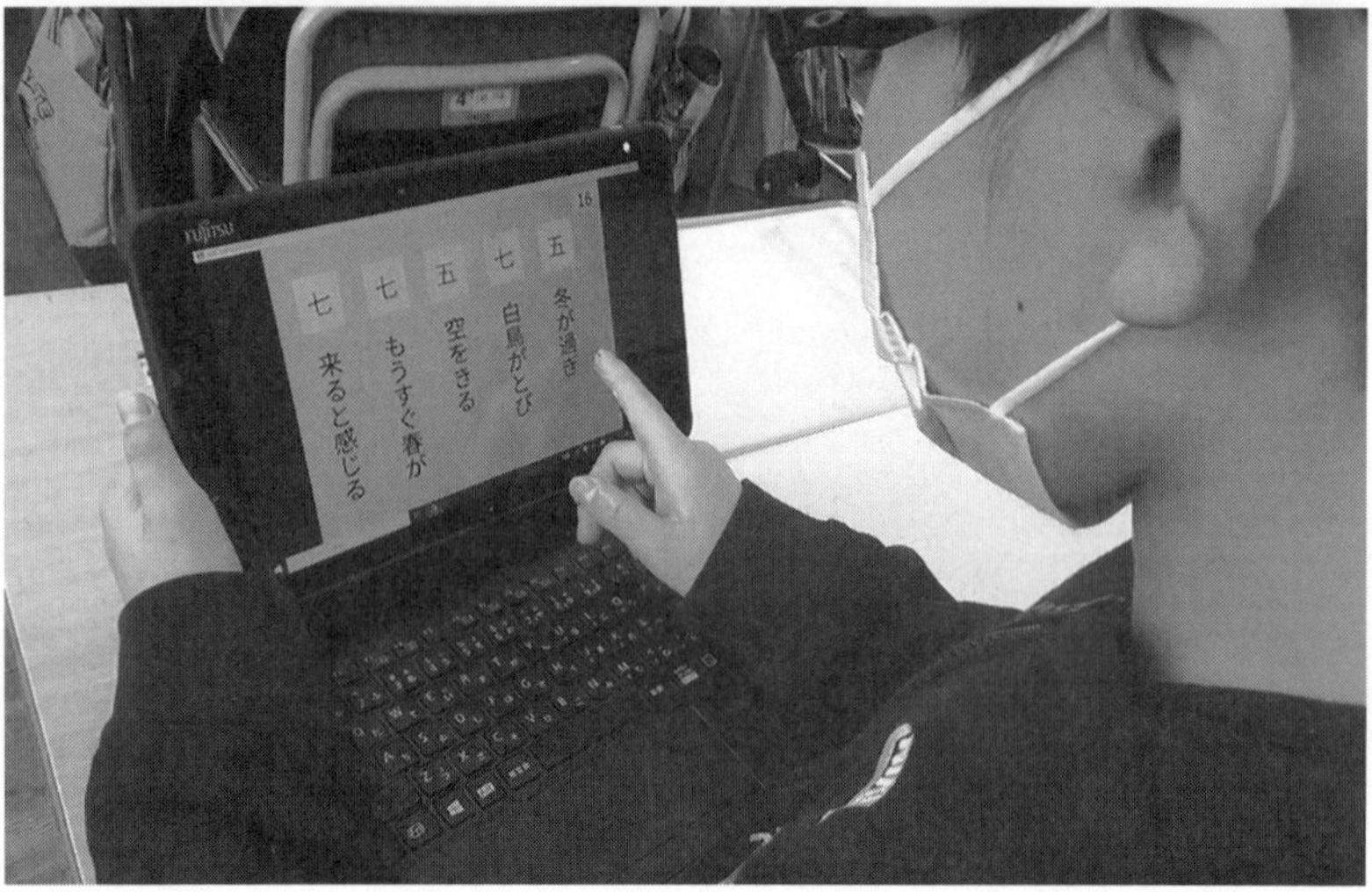

学級歌会　写真⑯

学年歌会

五学年の三十作品を読み、お気に入りの一首を選ぶ場面。（写真⑯）

前日までに、各学級で短歌創作の授業を行った。学年全作品の中から三十首（各学級十首）を選び、学年歌会の提示作品とした。

子どもたちは三十首を黙々と読んだ。

学年歌会（投票）

学級歌会　写真⑰

投票場面。（写真⑰）

学級歌会でも行ったので、どの学級の子どもたちも迷うことなく選び、その後ノートに記述することができた。

学年歌会（見つけ合う）

学級歌会　写真⑱

作品の良さを見つけ合う学習活動は、学級歌会も学年歌会も大切にしたい活動である。

まず、各学級で良さを見つけ合って、話し合う活動を行った。（写真⑱）

各学級で話し合ったことを、発表し、それを学年で聞き合っている場面である。（写真⑲⑳）

学年歌会（見つけ合う）

学級歌会　写真⑲

学級歌会　写真⑳

学年歌会（開票／知る）

学級歌会　写真㉑

画面で学年歌会の投票結果を知る。
（写真㉑）

学年歌会（見つけ合う）

学級歌会　写真㉒

結果を知り、喜び合っている。自然に拍手が起こる子どもたちのうるわしさ。（写真㉒）

学年歌会（振り返り）

学級歌会　写真㉓

学年で、学習の振り返りを聞き合っている。（写真㉓㉔）

学年歌会　写真㉔

学級歌会は前拙著『小さな歌人たち』に続いて本拙書でもお伝えしてきたが、タブレットを使った学級歌会、学年リモート歌会は初めての試みだった。

学年歌会の流れも、学級歌会とほぼ同じであったから、子どもたちが学習に戸惑うことはなかった。しかし、タブレットを使うことで、学年歌会を成立させることができたと考えている。

百人の子どもを集めて歌会を行う場所やそのための移動など、物理的に時間的に困難だと思われたことが、タブレットを使って、リモートで行うことによって、解消されたと言える。

また、学級の枠組みをこえて、互いの作品を学年のそれぞれがどのように読んでいるのかを知る学びになったと感じた。学級の枠組みをこえることが、この試みの場合、学びの枠組みをこえることにつながったと思われた。

九十七名の子どもたちが、一緒に歌会を行うことができた、あの学年歌会の60分の、子どもたちとの一体感、ともに歌会を作った先生方との一体感を忘れることができない。

解説

【解説】

〈歌会〉への集約の意味

～〈優れた作品との決別〉という「決断」は、「学校」の複合・複雑性理解によって、より意味あるものとなろう～

岩手大学名誉教授　望月　善次

一　「第二弾」という壁

『小さな歌人たち～短歌はだれにでも易しい～』（溪水社、二〇二二）【以下『小さな歌人たち』】に続く柳原千明の「（学校）短歌創作」実践の第二弾『続　小さな歌人たち　～詠み手と読み手を育む歌会のすすめ～』（桜出版、二〇二四）が発刊される。

前回出版の『小さな歌人たち』は、「学校短歌創作実践」において画期的な書で、[注1]多くの人の共感を呼び、しかも、幸いなことに「第五三回（二〇二二年度）博報賞・功労賞」や「岩手県教育委員会教育長特別表彰」などの理解も得た。

「制覇（優勝）は難しい。しかし、連覇はもっと難しい」とは、スポーツの世界では、よく、言われる言葉であるし、実際に多くの人の言もある。こうした事情は、ここで問題にしようとしている出版に関しても、よく聞くところである。受賞した作家が、第二弾でどんなに苦労するのは、多くの作家が口にしているところである。

例えば、かの村上春樹でも、受賞後の「第二弾」である『１９７３年のピンボール』について次のように言う。

注1　どうした意味で画期的であるかについては、左記の大内の行き届いた「書評」の他、望月にも同書の「解説」の他にも左記がある。

大内善一：「（書評）コロナ禍の中の優しい訪問者たち――柳原千明『小さな歌人たち～短歌は誰にでも易しい～』――」、一三～一九頁。

望月善次：「（新刊紹介）「具現化」というアポリア～それは、もう一つの営みである～柳原千明著『小さな歌人たち～短歌は誰にでも易しい～』（溪水社、二〇二一年一一月）」、『国際啄木学会研究年報』第25号（二〇二二・三）四三頁。

「私は『風の歌を聴け』で文学賞を取った後、『1973年のピンボール』を書いたんですが、これがすごく苦労しました。第二弾っていうのは本当に難しい。最初の作品は自分の中にあるものを全部出しきるんですけど、次に書くときにはもう何も残ってないんです。だから、新しいものを探さなきゃいけない。それがすごく大変だった」[注2]（傍線、望月）】

柳原の場合も、第二弾が、簡単ではなかったことは御覧戴く通りである。しかし、本書によって、柳原は、そこを突破したのである。〈書き手〉としての柳原千明は、一つの坂を越え得たのである。その努力と運命の加護を共に喜び合いたい。

二 〈編集長〉松澤春香の存在

上に述べた「第二弾の実現」などの場合、端的に言ってしまえば、その結果こそが重要で、そこに至るまでの経過や理由など取るに足らないのである。筆者の専門の一つである「短歌定型論」で言えば、「石川啄木の〈三行書き〉短歌論」や、一時の塚本邦雄等の「短歌三十一音説」は、短歌定型論的に言えば、「誤り」ではあるが、「作家」としての彼等にとって、論としての正否など、

注2　もっとも、村上春樹は、同じ『1973年のピンボール』について次の様にも言っている。（上記作品は村上作品の中では、色々な意味での「模索期」でもあった訳でもあり）Intentional Fallacy（作品解釈において、作家の意図を絶対とする誤り）を挙げるまでもなく、「作家の言」は、そうしたものだとの再確認は必要であろう。

僕はこの作品をやはり働きながら書いた。『風の歌を聴け』の時と同じように、夜中に台所のテーブルに向って書いた。書くのに苦労したという記憶はまるでない。書きたくて書きたくて仕方なかったし、『風の歌を聴け』の時とは違って、よどみなくすらすらかけたと思う。ここではテーゼ（結果的にはテーゼはほどかれている。それはもう）は既にテーゼえる必要をなくしていたからだ。テーゼが薄れるにつれて、自発的なストーリーが僕の頭を支配するようになった。小説が自立し、ひとりあゆみは自立可能なった。何をすればよいのかは、僕にはもうわかっていた。もちろん分かっていても出来ないというところは多々あった。でも続けていればそのうちにできるようになるさ、というハートウォーミングな楽観（新人作家にはこれが必要なのだ）に支えられて、僕はするするとこの小説を書きあげた。小説自体の力というものが、固い殻を破って顔を出し始めていた。そこにははっきりとした手応えのようなものがあった。【傍線望月、「自作を語る」台所のテーブルから生まれた小説」『村上春樹全作品一九七九〜一九八九①』（講談社、一九九〇）Ⅶ〜Ⅷ頁】

第一義的なことではないのである。重要なのは、啄木の「〈三行書き〉短歌論」や塚本の「短歌三十一音説」が、それを契機として優れた作品を産んだことなのである。[注3]

運と人とに恵まれた柳原は、周囲に吉丸容子氏などのように、第一弾が出た時に「次を！」と勧めた人がいたことは、本書の「はじめに」にも記されている。
しかし、そんなことぐらいで、柳原の鉄壁ともいえる城が落ちないこと、自身が次に記す通りである。

今まで、私ごときに書かせていただいた「論文風な原稿」の終わりに、何度「他日を期したい」と、宣うてきたことだろう。そのくせ、「他日」は一度もなかった。

この難航不落の牙城を突き崩したのは、「編集長」松澤春香である。
この三月まで、柳原と同じ職場にいた松澤は、「はじめに」にも記してあるように、『小さな歌人たち』の発売日当日に、花束とノートを手渡し、「おめでとうございます。発売日の今日から、今日から書くんですよ。」「敢えて言わせていただきます。書くんですよ。」と言い放ったというから大したものである。私などと比較したら、随分若い知人ではあるが、人生や世間を良く知っている者の言であろう。柳原が〈編集長〉と呼ぶ所以であろう。

ここでは、本書の「はじめに」と「おわりに」とに書かれている、柳原と松澤との遣り取りは、それ自体が一つの物語になっているほどであることのみを記しておこう。柳原が、この四月から、その職場を異にすることになった時に、「スイミー」を引いて、「かなしかった」、「とてもさみしかった」とするのも当然であろう。

そもそも、「書き手」というものは、一筋縄で行くような代物ではない。「なだめたり、すかしたりする」〈編集長〉が必要なこと、柳原とて同様である。というより、率直に言ってしまえば、柳原の場合、並みの〈編集長〉では持たないのである。

柳原のような人は、どうしたら動くか、そのためには具体的には何を言い、どう働きかければ良いかを柳原の近くに同僚として見つめた松澤は、見抜き具体的に行動したのである。松澤

注3　望月のこうした考えについては左記を参照。
望月善次:「「短歌定型論再考」～「第二芸術論」決別と「短歌の誇り」回復のために～」、『北の文学』第八〇号（岩手日報社、二〇二〇・五）222～236頁。

のそれまで養って来たものと、柳原への思いがこのことを実現させたのである。松澤は、まぎれもなく「編集長」で、この本は、ある意味では、柳原と松澤との友情の一冊である。[注4]人口に膾炙している例を引けば（千里の馬は常にあれども伯楽は常にはあらず）「千里馬常有　而伯樂不常有し」【「韓愈（七六八〜八二四）「雑説」】の「花巻市立桜台小学校二〇二一版」と言ってもよい。

ところで、柳原は、松澤や筆者が「猛励」し、この「猛励」は、自身の造語ではないかと言っているが、この点だけは、残念ながら、先例がある。白川静が、かの『字通』（平凡社、一九九六）の「励」の項目中に「猛励」（一六三七頁）を挙げているからである。（なお、この点については、岩手県立図書館の沼宮内望美氏の助力を得た。記して感謝したい。）

三　学校の複合・複雑性

さて、柳原本の意味に言及する前に、少し遠回りであるが、学校の複合・複雑性について触れておくことにしよう。[注5]

「学校教育」にかかわる要素は、「文学」などに比べて多様で、複雑であるにもかかわらず、その研究の歴史は浅く、複雑性は十分には認知されていない……。

一般的にいう学校という存在は、近代社会が生み出したものである。それは、典型的には「国家」などが関わってくる複合的存在である。しかも、「学校」に関わる要素に即して言えば、その主要な要素でもある「国家」や「言語」も消滅する運命を担うような複合・複雑性であることを付け加えておこう。

本稿において、この「複合・複雑性」の具体や内実について言及することも理念的には可能であろうが、それは筆者の力量に余ることでもあるし、また、本稿の役割を越えることでもあろう。

注4　個人的な物言いが許されるなら、見出され、教育して貰った明治図書出版の江部満編集長のことを思い出していたことを付け加えることが許されるならありがたいことである。
望月善次：「恩人江部さんへの感謝再び～「こ」の具現者～」、日本言語技術教育学会編『国語教育界のおける江部満氏』（二〇一九）58～60頁。

注5　上記の望月（二〇二二・三）の「新刊紹介」においても、以下のようにその一端に触れている。

ここでは、「学校という営みが複合的存在である」ことの結論のみを述べ、筆者の良く用いているモデルに沿ったコメントを加えるに止めたい。

さて、近年の筆者がこうした際に用いるモデルについてである。

筆者がこうした場合に用いているモデルは、次のようなものである。

具体的には、Kahl von Bühler（一九三四～一九八二）の「Organun modell：第 - 一図」を改善したもの（次ページ「第1図参照）である。

強調したい点は、「einer/de andere/der Dinges/Organum」（文学では、「作者／読者／対象世界／言語」、「教育」では「教授主体／学習主体／教授・学習材／教育目標」への援用可能。）が相互に深い関連を有しながらも、その関連は「点線」で示されているように、それぞれが独立性をも有している点である。筆者としては、こうした事情に次のR・ヤーコブソン（一八九六～一九八二「」）を重ね合わせることをも試行している。

Roman Jakobson Linguistics and Poetics 一九五八年五月七日（マサチューセッツ州ケンブリッジ高等研究自由学院）：前面・背後説［R・ヤーコブソン（川本茂雄監訳）『一般言語学』（みすず書房、一九七三）］

オルガノン・モデル　望月改善版
（点線添加、相互性、他要素援用）

einer　一者、〈作家〉、教授主体

der andere　他者、〈作品〉、学習主体

die Dinge　事物〈対象世界〉、教授・学習材

organum　オルガノン〈言語：作品〉、目標

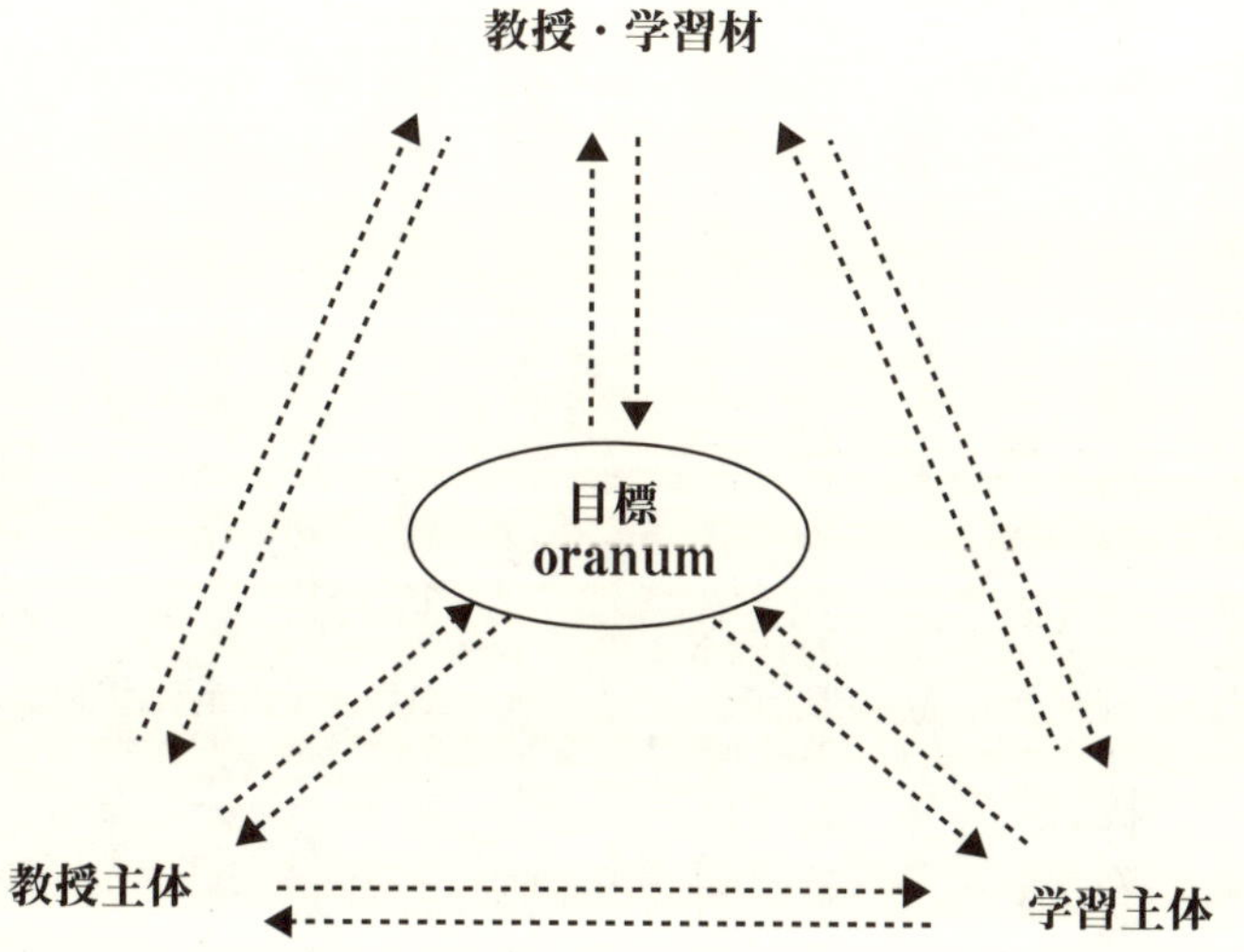

K. ビューラーの「オルガノン・モデル」（第 -1 図）[KARL BUHLER, Sprachtheorie Die Darstellungsfunktion der Sprache（Gustav Fisher Verlag STUTGART1966）S.25] を援用したものであり、特にその「相互交流性」を強調したものだと自覚している。

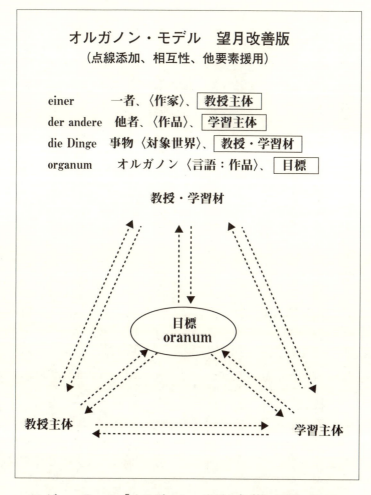

つまり、R・ヤーコブソンがそこで挙げている六機能［主情／参照／詩的／交話／メタ言語／能動］に即して言えば、「このようにして言語の六つの基本的な相を区別しても、そのうちのただ一つの機能しか果たさないような言語メッセージを発見することは、まず不可能であろう。多様性はこれらの機能のいずれか一つの専制のうちにあるのではなく、それら相互の階層的順位の異なりのうちにある。」（同、p.188）ことを援用したいのである。

柳原の場合を、このモデルによって「学校の複合・複雑性」に関連させて述べれば、次のような説明が可能となろう。（枠組みの具体としては、上述の「教授主体／学習主体／教授・学習材／教育目標」を用いることにする。）

柳原という「教授主体」は、例えば「花巻市立桜台小学校〇年〇組」という「学習主体」に対して「短歌創作」の観点（「教育目標」に通じるものとなろう。）から、「生徒達の作った短歌」を「教授・学習材」として用いながらの営みを行うことになる。

「教育（より広義に「コーチング」と言い換えてもよい。）」という営みは、（その行動主体が意識すると否とにかかわらず）こうした要素の種々の可能性の或る状況を一旦中断して、その時点での特定の営みを選択し行う行動だと言えるであろう。

言うまでもないが、この場合も「教授主体／学習主体／教授・学習材／教育目標」のそれぞれの要素において、理念的には限りない可能性（つまり複合・複雑性）が存在する。

しかし、この可能性のレベルに留まっていては、具体的な教授・学習行動は存在しようがない。その多様な可能性（つまり複合・複雑性）を一旦は中断し、或る具体的行動を選択するのである。この中断・選択を、本稿では「決断」と呼ぶ。（より正確に言えば、こうした「決断」は、学校教育の場においてのみ起こるのではなく、「人生」のあらゆる場で生起しており、人類の存在自体が「時々刻々」変化していることは、「注8」で示している拙論の中の「ベール（veil）・洗練（sophisticate）の法則」においても示している「分子・粒子等レベル」ともなれば、極めて当然のことになるのであるが、ここではその区別・妥当性等については深入りしない。）

柳原の「短歌創作指導」においても、勿論、この「決断」は必要となる。「決断」であるから、それが、客観的価値において、唯一のものとはならない。

柳原の「決断」が、柳原やその営みを共にした学習主体にとっても、意味あるものであったとしても、それは、他の「教授・学習」行動の可能性を否定したり、奪ったりするものではないことも言うまでもないことである。

四　柳原の決断〜「〈優れた作品〉という「観点」との決別〜

では、柳原が行った「決断」は、具体的には、どのようなものであったのだろうか。ここでも結論的に言おう。

それは「〈優れた作品〉という「観点」」（柳原からすれば「幻想」ともなろうか）を捨てるということであった。

『小さな歌人たち』において、柳原はすでにその近くにはいた。

自分がよしと思って位置づけて来た「短歌カウンセリング」は発想としてはありうるが、具体的な方法としては見直すべし。子どもは、自分で考えて作った作品が一番いいと思っているという思いを忘れるべからずということが「七人の歌人たち」とそのアンケートから気づかされたのである。今頃分かったのか……という思いである。／私は「短歌カウンセリング」と名付けて（子どもに「短歌カウンセリングをします」などとは決して言わないが），子どもと子ども作った作品と私で、話し合う時間を創作活動に位置づけていた、カウンセリングや聞く（聴く）という行為に興味があり、国語に限らず、学校生活の様々な場面で生かしたいと考えていたからだ、……子どもが「分からない」「できない」と言ってきたら、いっしょに考えたり、子どもが持ってきた作品を読んで「例えばこういう言葉もあるけど、どうかな」「どんなことを考えたの」などと子どもから聞いたり補ったり、五七五七七になっていたら、もろ手を挙げて喜んだりして、作品をいっしょに仕上げた……と思っていた。しかし、子どもたちは「なおされた」と思っていたのだ。「何がカウンセリングだ」と思わざるを得なかった。恥ずかしくて情けなくて座談会が終わった後、私は部屋中をぐるぐる歩きまわってしまった。そして、歩きながら思った。

問題は五七五七七になっていた、つまり、短歌をつくることができた子どもたちへの対応だ。五七五七七の組み合わせになっていたら、すでに短歌なのだから、それでいいのである。直すことなどないのだ。だが、往々にして思ってしまうのである。「この言葉は、こうしたらもっといいかもしれない」「こちらの言葉のほうが、この子に合っているなあ」などと、できていればできていたで、もっとよくしたくなるのである。「もっとよく」の基準は、いったいぜんたい何もかもはっきりしないのに、思ってしまうのである。それなのに、教師の思いを子どもに伝え、子どもは教師の思いを受け止め、直した。これでは、どちらがカウンセリングを受けているのか全く分からないではないか。「短歌は五七五七七の組み合わせであればそれでよい。だから易しい」ということが、本当に分かっていない現れだったのだ。ただし、子どもが作品を作ったら、ともに喜ぶことはいい。「気に入っているところはどこ。」と聞いて、喜ぶのもいい。困っているときに、いっしょに考えるのもいい。五七五七七の組み合わせになっていなかったり、誤字や脱字に気づかせるたりするのもいい。けれども、子どもができたと思って持ってきた作品は、それが最高作品なのだ、もっと最高にすることはないことを改めて知った、[注6]【傍線望月、266~268頁】

こうした思いから、柳原千明は、他の要素を捨象するという「決断」に出た。[注7]

つまり、今回の著書において、柳原は、上述した「教授主体／学習主体／教授・学習材／教育目標」という四分法からすれば、限りなく「学習主体」に近い「選択・決断」を行ったことになろう。

この柳原実践から筆者などが教えられた点は、「そうか、そうした〈選択・決断〉もありだったよなあ。」ということであった。

筆者も、「短歌創作」から出発した国語科教育学研究者であったから、「優れた作品」という選択肢を他の選択肢と同様な一つではなく、特別視し、中心に置きたい、自分があったことを気づかされたのである。（選択・「決断」において、特別な位置を占め得る要素などないのである。柳原の選択・「決断」もその一つである。）

筆者に即して言えば、正に【（本来は「使徒行伝」によるという）】「目から鱗」体験であり、「上方いろはカルタ」にならえば「負うた子に教えられる」の思いでもあった。

注6　このように学習主体に沿ったものの一つに「個性重視」の考えがあろう。多くの物事と同様「個性重視」にも長短があり、その短所の方面については、「宇宙の歴史」の観点からと、第二次世界大戦後のマッカーサーの日本弱体化戦略の一環としての二点からを以下において結論的に述べる予定である。「（対談）寺井正憲（千葉大学教授）VS.望月善次（岩手大学名誉教授）」【第25回国語教育イン盛岡2023（岩手大学教育学部附属小学校、二〇二三・七・二九（土））】

注7　「児童の一人一人にタブレット」という時代状況を踏まえての「リモート歌会」も今回の柳原の「決断」の一つであり、その試みは、必ずしも、柳原独自のものとは言えないものの、今回の特徴の一つとはなろう。しかし、筆者の中には、最近の「chat GPT」や「Bing AI」などの「生成ＡＩ」の目まぐるしい展開を、もう少し注視したいという思いもあり、今回はあえてこの問題に深入りをしないこととした。

五　添削に対する三つの態度～「実践」展開の検討素材の一つとして～

繰り返し述べているように、教育における具体的営みは「中断・決断」を伴うものであるから、いかなる場合においても、唯一・絶対ということはない。柳原千明の場合も同様であることは、繰り返し述べておこう。

今回の営みに辿り着いた柳原千明が実践者や読者に求めるところも、自分の営みをなぞって欲しいというところなどになく、自身同様の各自の渾身の「決断」を行ってほしいというところにあるのだと筆者は解釈する。

そうした考えから、今回の営みにおいては、柳原千明が否定した「添削」に関する三つの立場を提示し、今後の検討の素材の一つにしたいと思う。注8

三つの場合を紹介して、そこから何を学んで行くかの材料としたい。

(一)　完全否定派（石川啄木）

御承知のように、石川啄木は、希代の目利き（伯楽）与謝野鉄幹によって見出された存在である。

鉄幹がなければ、今日我々の知る啄木は存在しえなかったであろう。ここでの検討事項である「添削」に即して言えば、『明星』掲載の啄木短歌は、鉄幹の目を通した後に、掲載されたはずである。しかし、後年の啄木が鉄幹の添削を嫌って、「与謝野氏の直した予の歌は皆、原作より悪い。感情が虚偽になつてゐる。所詮標準が違ふのであろうから仕方がないが、少し気持ちが悪い。「明治四十一年日誌」七月十日】と記していることは、多くの人に知られている。つまり、「鉄幹に

注8　筆者の立場から言えば、他の意見の取り入れ方、更に言えば、或る個体の周囲との関わり方ということになる。筆者の場合は、下記に示す様に「138億年＋α」の宇宙の歴史から人類（特に、「複雑言語」を操ることによって、今のところ「食物連鎖」の頂点に立っている「ホモ・ロクエンス（言語人）＊使用の特異性からすれば、筆者の造語だとも言えようか。」）を定位しようとするところに関心がある。そこからすれば、周囲と関連性を持たない個体、他の生命体を取り入れない個体など存在しようがない。「個」を尊重し過ぎることには、危うさと隣り合わせだということにもなる。しかし、「脳の異常発達」により、「自身が存在することの意義」を考えざるを得なくなった「ホモ・ロクエンス（言語人）」は、「自己中心化」という具体を発明し、それに縋らざるを得なくなっているのであり、「個重視」に傾く傾向があるのである。

望月善次「（研究ノート）ベール（veil）・洗練（sophisticate）の法則」その後」、『国際啄木学会・盛岡支部会報』第30号（二〇二一・三）90〜93頁。

直されたものはほとんど悪くなっているる、」と言い放っているのである。

(二) 完全肯定派（柏崎驍二）

柏崎驍二は、岩手在住の歌人である。が、『百たびの雪』（第26回現代詩歌文学館賞、二〇一二）、『北窓集』（斎藤茂吉文学館賞、二〇一六）、もあるから、日本的存在だと言ってもよいであろう。柏崎は、結社「コスモス」に所属し、主宰の宮柊二の指導を受けていた。柏崎にとっては、宮柊二の選や添削は絶対的なもので、直された作品に、自身で再び手を入れることはなかったと聞いている。宮柊二の選や添削は、絶対的なものとして柏崎の中に息づいていたのである。

(三) 筆者の体験（都筑省吾の指導）

上述の二者と並べるのは、恐れ多いところであるが、筆者自身の体験も記しておこう。筆者は、窪田空穂系の結社「槻の木」の属し、空穂の高弟都筑省吾の指導を受けた。

学生時代から、当時は目白にあった都筑宅を何度も訪問した。飲んだこともなかったスコッチウイスキーを初めて飲ませてもらったのも都筑省吾宅でのことであった。貴重な歌集も何冊も拝借した。主観的には熱心に読んだ積りであったが、客観的に言えばその貴重な歌集にフケを落として汚した程度のものであったことを否定し難い。しかも、所謂「戦後短歌」にかぶれ始めてもいた時期でもあったから、「写実」に基づいた都筑の人生的作品の価値も分からぬままに、担当させてもらった『槻の木』「月評」欄には、「先生の歌はどうもわかりにくいし、面白くもない。」という意味のことを書いて、流石に編集担当（来嶋靖生）からは削除されたから、いい気な者だった訳である。（それなのに、結婚式の時には、「立会人」をお願いし、挨拶もしてもらったのだから、他のことは推して知るべしである。）

いずれにしても、今日から考えれば、とても「作品」とは呼べないような作品を持って都筑宅を訪れた。その際、都筑省吾に良く言われたのは、次のような言であった。

「私は、立場上添削するけれども、気に入らなかったら、君、歌集にする際に直せばいいんだよ。」

都筑のような結社主宰者は、おそらく、現在においても、一般的ではないであろう。が、都筑を思い出す度に、都筑の態度がたまらなく「なつかしい」のである。自身の学生への論文指導と比べてどうだろうかと、思い返すことも少なくないのである。

当然のことであるが、ここに挙げた三つの例のどれが「正しい」などということはない。

受け取る者の状況によって受け取り方や効果は変わってくるのである。
柳原千明の実践は、こうしたことへの検討へも誘うものであることを記しておこう。

六　柳原「学校短歌創作」三巻本の完成へ！

柳原千明は、この後、第一の『小さな歌人たち』、第二の本書を踏まえて、もう一冊が用意されている。すなわち、甲斐利恵子（軽井沢風越学園教諭）、松平盟子（歌人、プチ★モンド主宰）、松澤春香（花巻市立花巻小学校教諭）による「徹底討論」等を踏まえた第三の著書である。

三部作を引っ提げて柳原千明は、どこに行こうとするのだろうか。

「138億年＋α」宇宙の歴史の中において、「ホモ・ロクエンス（言語人）」の一人として、出来ることは、結局「祈る」ことだけだろうかの思いを記して、一先ず「解説」もどきの筆をおくことにしたい。

以上

おわりに

やっと、この日を迎えた。

この一文を書いてから、どれだけの日が経っただろう。

先に書いておけば、「この日」が向こうからやってくるようにさえ思ったのだが、現実は、いつものようにそうではなかった。一気にいけそうな勢いで書ける時と全くできない時を何度も繰り返し、結局、二年近くもかかってしまった。

それでも、放り投げずに何とか「この日」を迎えたのは猛省と猛励があったからだ。

猛省二つ。

一つ目は、前拙著のような、（とは言っても、必死にまじめに書きまとめものである。）しかし、あんなに丁寧すぎる実践は、たとえ「短歌はだれにでも易しい」理屈が分かったとしても、特別すぎて、この忙しい世の中の、忙しい教員の、だれが、子どもたちとやってみようと思うだろうか、だれ一人としてやってみようと思わないだろうと思ったことによる。

だから、前拙書執筆中にすでに実感していた「もっともっと短歌は易しい」ということを記したかった、いや、公然と言い分けをしたかった、いや、前向きに言えば、更新したかった、いや、更新しなければ、本当に「短歌は易しい」と思っていただくことは難しいと思ったのだった。

二つ目は、前著で記した「歌会のすばらしさ」と「だれにでも歌会ができる」ことのさわりだけを記しただけでは、歌会を広められない、足りないと思ったことによる。歌会をもっともっと広めたいと思った。歌会を行う時に、子どもに合わせて調整してきたことの中身や、歌会が学習活動のまとめ以上に、次の創作への意欲になること、歌会が子どもの言葉も心も培うことなど、記されていないことが多かったからである。

歌会は「短歌はだれにでも易しい」からこそ、すぐ行うことができる。秀作をそろえた歌会ではなく、初めて作った五七五七七から歌会は始めることができる。それが、いいのである。歌会も「だれにでも易しい」のだ。この「だれにでも易しい歌会」がどの学年のどの教室でも、普通にさらっとできるようになったらどんなにいいだろうと思ったのである。

拙書には、これら二つの猛省が襖の裏ばりのように在った。

世の中に猛省という言葉はあっても、「猛励」という言葉はないのかもしれない。が、ここでは、猛励は猛烈な励ましを意味している言葉として使わせていただく。私は、お二人の「猛励」によって、この二冊目を書くことができた。「猛励」をくださったお一人は、二冊目の姿も形もない時から、「三部作」とおっしゃってくださった望月善次先生である。

先生には、今回も拙書の解説をお願いした。お忙しいなか、お引き受けくださったことに心から感謝申し上げたい。また「何度同じことを書くのか」と呆れられそうなのだが、二冊目においても、相当に、先生をやきもきさせ、ご心配をおかけしたことをお詫び申し上げたい。「『一気に行くときでしょう』『寝ながら、頑張れ』」なかったのである、やはり…。

振り返れば、今まで私は、感謝とお詫びをサンドイッチのように重ねながら、怪しげな意欲を燃料にした「暴走」と無駄に冷たい「反省」を繰り返してきた。にもかかわらず、脱線せずに、言わば、各駅停車できたのは、望月先生にご示唆いただけたからである。

八月に、甲斐利恵子先生、松平盟子先生をお招きし、かつての同僚、松澤春香先生と、これからの短歌創作指導について対談させていただけるのも、先生のお導きがあったからこそである。

改めて感謝申し上げるとともに、実践できる残り少ない日々を私なりに精一杯務めることをお誓いしたい。

「猛励」をくださったお二人目は、先にも記した松澤春香先生である。

春香先生は、一冊目を書く際にも、もちろんのことだったが、一冊目が出版されたその日からも、「今日から書くのですよ」と猛烈に励まし続けてくださった。始めの頃は冗談半分に「編集長」と呼ばせていただいたりしていたが、本気で「編集長」と思うようになった。

令和四年四月からは、二年ぶりに再び同じ学年（五年生）を一緒に務めることになった。

しばらくして、春香先生が、「同じ学年だからこそ、忙しいのが分かるから、『頑張って書いて』と言えなくなってきました」とぽろりとこぼされた。そんなことまで言わせてしまって本当に申し訳ないと思いながらも、「書き終わりました、編集長！」とさっさと言えない自分がもどかしく、情けなかった。

しかし、令和五年の三月になり、やっとゴールが見えてきた。その原稿を読み終えるやいなや、編集長は、こう宣うたのである。

「ここまで来れば、もう終わりですよ。次です。三冊目ですよ。」

「えええええええええええぇ。何が、「『頑張って書いて』と言えない」なのか。存分に言っておられるではないか。編集長は、やはり編集長だったのである。檄を飛ばしたり、なだめたり、すかしたり、…。そして、やっと「この日」を迎えさせたのである。とても私より三十歳以上も若いとは思えない見事な手綱さばきなのである。

ここに記すまでもないが、こうやって学級の子どもたちも春香先生を信頼していくのである。何度書いても書き足りないのだが、類い稀な編集長とともに同じ学年、同じ学校で勤められたことは、私にとって本当に大きな幸せであった。何度感謝しても足りない。足りないのだ。

令和五年四月、松澤春香先生は花巻市立花巻小学校にご転勤となった。初任から桜台小学校に六年間も勤め、実力を発揮されたのだから、いつかはこういう日が来るだろうと思ってはいた。短歌創作も歌会も、ともに取り組んできた、それだけではない、多くの学校教育活動にともに汗と涙を流してきた同僚が同じ空間からいなくなる…。本人の前では涼しい顔をしていたが、「かなしかった」「とてもさびしかった」。「スイミー」とまるで同じだった。こんな一文を読んだら、本人は即刻「削除」を言い渡すだろう。しかし、そんな感傷的な思いは直ぐに消し飛んだ。全くあっという間に。

花巻小学校は八月三十一日に学校公開を迎える。その時の公開授業で、春香先生は歌会を取り入れた国語の授業を行うというのである。

何と嬉しいことか。私にとって、こんなに猛烈な励ましがこの世の中にあるだろうか。

その上、花巻小学校が今年の賢治祭（九月に二年ぶりに行われる。）に出演し、春香先生が担当する三学年が「雨ニモマケズ」の音読を演目に出演するというのである。その時に、「群読雨ニモマケズ」で発表したいというのだ。「群読　雨ニモマケズ」は、柳原が創った群読スコアによるものなのだが、幸運にも、花巻小学校一年生（平成二十年度）と桜台小学校六年生担任（平成二十九年度）当時に出演した「全国 雨ニモマケズ朗読大会」で二度大賞をいただいた作品だった。その「群読　雨ニモマケズ」で出演してくださるとは、これも何と嬉しいことか。

二冊目となる拙書が刷り上がる頃には、すでに成功裡に終わっているだろう花巻小学校での公開授業に思いを馳せ、春香先生の授業により、短歌創作と歌会が、参観された多くの皆様によって、広がって行くことを心から願わずにはいられない。

桜台小学校の子どもたちとの授業の様子を載せるにあたって保護者の皆様からご理解をいただきましたこと深く感謝申し上げます。

また、桜台小学校横手勝美校長先生（現花巻市立花巻中学校校長）、西城嘉男副校長先生には、授業実践においても、拙著を著すことについてもご理解と励ましをいただきました。心より感謝申し上げます。

「猛省」と「猛励」によって、「この日」を迎え、桜出版山田武秋様によって、拙書が生まれたことに感謝し、そして、短歌創作、歌会について、子どもたちが表情で、言葉で、作品で教えてくれたたくさんのことに深く感謝してこの頁を閉じたいと思う。

令和五年六月二十五日（日）　母の月命日に

柳原　千明

〈著者略歴〉

柳原 千明（やなぎはら　ちあき）

昭和 34 年　花巻市生まれ

昭和 57 年　獨協大学外国語学部英語学科卒業

平成 9 年　岩手大学大学院教育学研究科国語科教育学修了
紫波町立日詰小学校　浄法寺町立浄法寺小学校　盛岡市立桜城小学校　花巻市立花巻小学校など県内の公立小学校に勤務

令和 6 年　花巻市立桜台小学校勤務を最後に定年退職
現在花巻市内の公立小学校講師として勤務

〈所属〉

日本国語教育学会　全国大学国語教育学会　国際啄木学会　宮沢賢治学会などに所属

〈表彰〉

令和 4 年　第 53 回（2022 年度）博報賞功労賞受賞。
令和 4 年度岩手県教育長委員会教育長特別表彰受賞

〈著書〉

『小さな歌人たち ── 短歌はだれにでも易しい ──』（渓水社 2021）

続 小さな歌人たち
—詠み手と読み手を育む歌会《かかい》のすすめ—

二〇二四（令和六）年十二月十四日　第一刷　発行

著者　柳原千明
装丁　高橋圭子
発行者　山田武秋
発行人　桜出版
岩手県紫波郡紫波町犬吠森字境一二二
電話（〇一九）六一三－二三四九
FAX（〇一九）六一三－二三六九
E-mail : sakuraco@leaf.ocn.ne.jp

ISBN978-4-903156-34-7 C3081